MW00736746

Cómo narrar una historia

Cómo narrar una historia

De la imaginación a la escritura:
todos los pasos para convertir una idea
en una novela o un relato

ALBA EDITORIAL, s.l.u.
PROEME, s.l.

A Guías del escritor

© Silvia Adela Kohan, 2001

© de esta edición:
Proeme, s.l.
Av. Callao 1062, piso 10° AB
C1023AAQ - Ciudad de Buenos Aires

© Diseño: Pepe Moll
Primera edición española: junio de 2001
Primera edición argentina: abril de 2005

ISBN: 987-22138-1-X

Impresión: Erre-Eme
Talcahuano 277
Buenos Aires

Impreso en Argentina
Printed in Argentina

Sumario

El acto de contar

El acto de contar es esencialmente humano. Sentimos necesidad de contar lo que nos pasa y lo que les pasa a otros para encontrar el sentido de la vida. Una forma de contar es escribir, narrar por medio de la escritura.

Pero muy a menudo dudamos a la hora de hacerlo, porque no sabemos cómo trasladar nuestras ideas al papel.

Cómo llevar a cabo el paso de la idea a la narración escrita, de qué depende que esa idea o ese sentimiento inicial –que puede ser una sensación, una imagen, una evocación– generen un argumento y cómo darle forma de cuento o novela, es de lo que trata este libro.

Entre la idea y la escritura

Al narrar contamos experiencias particulares o recontamos historias ajenas. El escritor retoma estas experiencias, parcial o totalmente, en forma consciente o inconsciente, parte del desorden de la vida y lo recrea, agregando, quitando, inventando lo que necesita para constituir un mundo novedoso y coherente que el lector disfruta, siempre que la historia (haya ocurrido o no) sea convincente.

Pero ¿es la idea –que para algunos es revelación y para

otros invasión de algo que se necesita expulsar– previa a la escritura o se parte de un motivo, una palabra, una imagen, y sólo entonces empieza a entreverse su desarrollo?

Ambas posibilidades ocurren. Por ejemplo, Javier Marías es de los que necesitan escribir primero para encontrarse después con la idea. Dice al respecto: «En mi novela *Corazón tan blanco* he logrado averiguar sólo tras terminarla que trataba del secreto y de su posible conveniencia, de la persuasión y la instigación, del matrimonio, de la responsabilidad de estar enterado, de la imposibilidad de saber y la imposibilidad de ignorar, de la sospecha, del hablar y el callar».

La narración literaria

Una narración literaria es la construcción de una historia ficticia (cuento o novela) a partir de una serie de convenciones que la ficción exige, trabajadas de tal modo que al lector le resulte tan creíble que llegue a olvidarse que tiene en sus manos sólo palabras que configuran personajes de papel.

Para su elaboración, numerosos son los puntos de partida y la forma de desarrollarla. Se puede partir de una idea simple o compleja, apenas perfilada o completa, ocurrida o imaginaria; que se ha experimentado y sufrido o que se ha inventado en su totalidad o mezclando parte de una historia ajena con parte de una vivida; y se puede enfocar desde la perspectiva que uno prefiera.

Innumerables son las chispas que encienden la idea;

unas pueden dar de sí más que otras, pero, en cualquier caso, una buena historia escrita sugiere algo que supera o va más allá de lo explícito o evidente. Si vas a contar las vicisitudes amorosas de un hombre y una mujer, por ejemplo, porque has seguido durante un tiempo los altibajos de una relación entre dos personas cercanas a ti y te impresionaron ciertos aspectos de la misma, deberás encontrar un significado universal que atraviese dicha experiencia, una intención que sustente el relato, conectada a la idea inicial. Para ello es un buen método preguntarte acerca de esos aspectos que te impresionaron, las causas de tu impresión, la inquietud que te provoca y te lleva a transformarla en narración literaria, y si realmente tus preocupaciones pueden ser las del género humano (factor universal, imprescindible) o se remiten a la mera anécdota privada (factor anecdótico, personal, prescindible).

Es decir, una narración literaria no es la copia de una historia que sucede en la realidad, la trasciende. Para ello su orden cronológico difiere del real y se adecúa a los fines del escritor.

El estilo propio

Desde el punto de vista literario no existe una idea mala o buena, sino que su eficacia depende de la forma en que la idea es tratada como relato, de la forma lingüística que se le da a los pensamientos. De dicha forma se desprende el estilo personal; cuanto mejor definido esté el estilo más nítidamente se percibirá la idea tratada. Hubo escritores como Kafka, Faulkner, Borges que consiguieron un estilo tan exclusivo que abrieron vías de experimentación para muchos otros.

No es necesario recurrir a una idea complicada, la más sencilla puede dar los mejores resultados siempre que exista una armonía entre qué se cuenta y cómo se cuenta. Como dice Mario Vargas Llosa en *Cartas a un joven novelista*: «Es la forma en la que se encarna lo que hace que una historia sea original o trivial, profunda o superficial, compleja o simple, la que da densidad, ambigüedad, verosimilitud a los personajes o los vuelve unas caricaturas sin vida, unos muñecos de titiritero. Ésa es otra de las pocas reglas en el dominio de la literatura que, me parece, no admite excepciones: en una novela, los temas en sí mismos nada presuponen, pues serán buenos o malos, atractivos o aburridos, exclusivamente en función de lo que haga con ellos el novelista al convertirlos en una realidad de palabras organizadas según cierto orden».

Cuando se habla del estilo del escritor se alude al lenguaje empleado, que responde a su modo de ver y sentir las cosas, y a una musicalidad interna que impone al texto.

Para encontrar el ritmo propio puedes hacer como Gao Xingjian, que graba el texto en un magnetófono y luego lo escucha a oscuras. Le preocupa la musicalidad, busca los efectos que nacen de la sonoridad de la lengua, de la repetición de ciertas palabras; de allí nace su estilo.

El proceso del relato escrito

Para escribir un relato hace falta tener una historia que por alguna razón merezca ser contada, pero tener una buena idea no es tener una buena historia, y tener una buena historia no garantiza escribir un buen relato.

Por otra parte, existe una serie de dificultades que suelen presentarse cuando se plasma la idea; por ejemplo, la idea se deshilacha en muchas otras ideas, o su transformación en escritura resulta pobre. Para afrontarlas hace falta conocer las condiciones que rigen el proceso, imprescindibles en la tarea del escritor, como imperativos a la hora de pasar de la idea a la narración escrita.

Entre las principales, las siguientes:

1) *Pasar de lo general a lo particular y de lo particular a lo universal: precisar el tema y sus componentes.*

El escritor debe saber tomar la suficiente distancia de su experiencia personal, la que le aporta información de todo tipo para alimentar su idea, y tratarla de un modo trascendente. Distanciarse del «yo soy yo» para poder llegar al «yo soy otro» de los escritores clásicos.

De la multiplicidad en que estás inmerso extraes una experiencia particular que será el motor o el alimento de tu narración escrita.

Pero, aunque se trate de experiencias propias, el mundo escrito debe tener un significado universal. Ésa es la clave para llegar al lector.

2) *Ir de la totalidad al mundo narrado: construir la intriga.*

De todas las ideas posibles se toma una como hilo conductor que sufre una transformación entre su principio y su final. Se concretan los hilos que compondrán la trama, su intensidad y sus momentos de tensión o de cambio. Se selecciona el material respondiendo a un objetivo claro para conseguir una ficción creíble e interesante.

3) *Conectar el argumento con su forma: trabajar la trama.*

Contar implica transmitir una serie de informaciones sobre acontecimientos, personajes o momentos especialmente importantes o significativos para el emisor.

Para que la historia narrada pueda ser captada por un lector y para que el máximo número de lectores se sientan interesados por la misma debes articular la información contenida en esa historia, darle una valoración especial (y universal, para que pueda ser leída en distintas geografías y tiempos) mediante un entramado argumental que responda a una forma que consideres pertinente sólo para esa historia.

Las combinaciones que se operan con los materiales originan la forma interior de la obra narrativa. El escritor debe combinar y distribuir el material lingüístico componiendo un conjunto, probar nuevas formas de presentar la historia para conseguir el tono justo.

> Delimita tu idea, concreta la historia a narrar y plantéate si prefieres una trama uniforme o una discontinua y fragmentaria para desarrollar esa idea que necesitas convertir en relato.

Los momentos previos

Los pasos inmediatamente anteriores a la escritura de la historia pueden aparecer sin que los busques o pueden ser programados por ti. Básicamente, estos pasos son los siguientes:

Estímulo impulsor

Muchos lo llaman inspiración, pero no consiste en algo mágico, sino que es el resultado de la predisposición a crear, de un móvil que domina al escritor y cada tanto debe ser expulsado.

Puede provenir de un sueño, de la lectura de un libro o un periódico, de la observación de una persona o un personaje del cine. Pero también puede tratarse de un germen que reside en la mente y de pronto toma forma.

Ricas canteras del escritor de novelas y cuentos están constituidas por las pasiones o los sentimientos extremos que haya experimentado en determinados momentos, debido a una necesidad íntima, una carencia, una inquietud.

Muchas veces, para la producción de una idea escrita, para su «puesta en texto», se usa la metáfora del parto. Parir requiere una espera previa: si se fuerza, se corre el riesgo de abortar. Con la idea ocurre algo parecido, la diferencia es que ésta no es una espera pasiva, sino que su aparición se puede provocar mediante actividades que despierten la necesidad de su expulsión, tanto para desarrollar la idea inicial como para superar los bloqueos (una idea interesante deja de serlo después de unas cuantas páginas, o simplemente no se sabe continuar la historia).

En resumen, provocar el estímulo es posible, pero no hay que forzar su aparición.

El momento en que percibes un fogonazo, un impulso emocional, es el momento de disponerte a escribir. Lleva siempre contigo una pequeña libreta y no te canses de apuntar aunque lo que se te ocurra te parezca banal. Apunta todo: acumula objetos, sensaciones, descripciones...

Documentación

Las fichas de documentación sobre la materia a tratar y los bocetos previos a la escritura definitiva son instrumentos que suelen facilitar la tarea. Muchos escritores se documentan durante largo tiempo sobre aspectos que, los citen posteriormente o no, conocerán lo suficiente como para que el lector perciba una ambientación, el entorno que rodea a los personajes con sus mínimos detalles, aunque no esté descrito en el texto.

La documentación consiste en reunir detalles específicos sobre la situación a desarrollar para que esa situación resulte creíble. Por ejemplo, si se quiere plantear un envenenamiento, es conveniente conocer la mayor cantidad posible de productos, sus indicaciones de uso, sus efectos, etc. Si se desea transmitir cierta atmósfera, es necesario confeccionar un inventario de olores, sabores, tipos de plantas, colores del cielo, etc. A medida que recogen más datos, algunos escritores rehacen tres, cuatro y cinco veces sus bocetos sobre el futuro relato.

No inicies la escritura definitiva hasta que no sepas cómo es cada uno de tus personajes; su atuendo, su estatura, su edad, su forma de pensar y de hablar, a qué clase social pertenecen; cómo es el lugar en el que suceden los hechos: las texturas, los matices, el espacio cerrado con sus muebles u objetos, los exteriores, etc.; en qué momento actúan, así como quién es el narrador.

Puedes recoger información suficiente en fichas encabezadas con cada temática a tratar, como: «Contenido de una cocina», «Especies de un bosque», «Armas de fuego», etc. En esta tarea son útiles los diccionarios temáticos especializados, te aportarán abundante información. Patrick O'Brian, autor de algunas de las mejores novelas náuticas, se inventó así una experiencia de navegación que no tenía; nunca navegó, ni siquiera sabía hacer un nudo marinero. Sin embargo, marinos consumados releen sus novelas.

Al mismo tiempo, la documentación puede aportarte ideas. El contenido de las fichas te puede ofrecer una vía a transitar en un momento de estancamiento.

Sin embargo, ninguna documentación que no puedas hacer pasar por «tu corazón y por tu estómago» te será realmente útil. Esto quiere decir que te servirá en su aspecto técnico o informativo solamente cuando puedas vivenciar los datos recogidos y sentirlos tal como los siente el personaje concebido.

> Una vez que tienes el tema y la base argumental, te conviene documentarte: ver, leer, investigar sobre el tema. Aunque después no utilices toda la documentación recogida, es imprescindible que conozcas en detalle el mundo que construyes.

Base argumental

En la base argumental se une el estímulo impulsor con la documentación.

Es el planteamiento de una historia coherente, una anécdota, una narración cronológica de los hechos principales, la materia reforzada por la documentación recogida, que manipularás hasta otorgarle un sentido particular.

Sin embargo, no es conveniente desarrollar la base argumental a partir de la lógica, sino de las emociones que una anécdota, una idea, una visión te provocan y generan ese argumento. Tus vivencias, más que tu razón, deben rellenar los huecos.

Puedes partir de un incidente, tener clara la historia hasta un punto determinado y luego, para encontrar nuevos caminos y continuar, formularte hipótesis. Así, puedes aplicar la conocida fórmula de Gianni Rodari, «qué pasaría si», consistente en imaginar distintas variantes de los hechos a partir de lo último que has escrito y elegir la adecuada. Si lo haces de este modo, lo ideal es elegir la respuesta que con más fuerza perciben tus sentidos: conseguirás que la historia resulte más convincente.

> Un argumento no es la narración literaria. Es la base de la intriga, una historia que atraviesa tus sentidos, y que podrás organizar en una trama, desmontándola y otorgándole la forma que prefieras.

Las fuentes productivas

Evidentemente, provengan de donde provengan, espontáneas o motivadas, las ideas suelen ser el resultado de un proceso interior.

Gustavo Martín Garzo vincula el encuentro de la idea con la actitud de un ladrón que va a la aventura: «Sucede antes de escribir y mientras estás escribiendo. Pero el primer momento es aquel en que tú, de pronto, recibes esa especie de llamada, de advertencia acerca de que ahí hay algo que es valioso para ti, que tienes que recogerlo y tienes que irte con ello a otro lado. Es difícil de explicar. Hay una figura que a mí me gusta mucho como metáfora. Es la figura del ladrón. Pero un ladrón que saliera a robar sin una idea exacta de lo que anda buscando. Que no va buscando el dinero, aquello que es fácilmente convertible, lo que un sistema determinado considera el paradigma del valor. Sino que va buscando aquello que es valioso de otra forma, de una manera más secreta, de una forma más misteriosa. Sería un ladrón que entra en una casa llevado por la intuición, por el presentimiento, que no sabe muy bien lo que busca, pero que sí que sabe, cuando de pronto se encuentra con algo valioso, reconocerlo».

¿De dónde provienen las ideas que pueden ser el primer impulso para escribir una historia, la base sobre la que se sustenta la misma o la continuación de una historia que has iniciado y dejado interrumpida?

Entre otras fuentes, de las siguientes:

De un episodio vivido

La situación más insignificante puede conducirte a una novela.

Cuenta Patricia Highsmith que cierta vez unos chiquillos invadieron con su griterío su espacio de trabajo. Al principio se sintió molesta, y unos meses después escribió una historia protagonizada por un arquitecto que se veía incordiado por unos chiquillos que se burlaban de él. La situación fue creciendo en su imaginación; las relaciones entre los chiquillos y el protagonista se complican hasta que lo acaban asesinando. La tituló *Los bárbaros*.

Sugerencia: Presta atención a todos aquellos incidentes que afecten tu ánimo, toma nota de ellos y verás que se irán espesando hasta ser el origen de una larga historia.

De la prensa diaria

Si lees como un detective a la caza de un objetivo, la prensa diaria contiene numerosas sugerencias para narrar una historia. Entre las noticias recopiladas puedes seleccionar las que te traen ciertas evocaciones, las que te remiten a un lugar o a unos personajes, las que te aportan datos para una historia. El origen de *Lolita*, según cuenta su autor, Vladimir Nabokov, está en un periódico: «Según recuerdo, el primer estremecimiento de inspiración, en cierto modo, lo provocó de manera un tanto misteriosa un relato de un periódico, creo que del *Paris-Soir*, acerca de un mono del zoológico de París, el cual, después de diez meses de haber sido adiestrado con halagos por los científicos, produjo el primer dibujo al carbón trazado por un animal, y ese esbozo, reproducido por el periódico, mostraba los barrotes de la jaula de la pobre criatura».

La propuesta general es que copies los titulares que atraigan tu atención en una libreta cada día; pueden servirte como lista de ideas.

¿Cómo se aprovechan después?

Como matriz de una historia o como historia secundaria dentro de la principal.

Las propuestas específicas son las que siguen, con sus correspondientes sugerencias.

1) Lees la noticia, rescatas una evocación y estableces una cadena de asociaciones a partir de la evocación.

Ejemplo:
La noticia:

Manifestación de estudiantes para reclamar la enseñanza gratuita.

Sugerencia: Te evoca tu etapa estudiantil.
Cadena de asociaciones: Recuerdas al compañero que encabezaba los actos / imaginas cuál habrá sido su destino, lo conviertes en personaje y escribes su historia.

2) Tomas dos o más noticias, y de la combinación de ambas surge la historia.

Ejemplo:
Las noticias:

a) *Miles de personas exigen en Madrid la reforma del Plan Hidrológico y pasan la noche en vela.*
b) *El diario de un inmigrante de ida y vuelta.*

Sugerencia (resultante de *a* y *b*): Recuerdas a un pariente campesino que murió de tristeza al tener que emigrar por la carencia de agua en su pueblo y escribes una historia colectiva en un pueblo, con carácter universal.

3) Tomas varias noticias para extraer de cada una de ellas los datos que te convengan.

Ejemplo:
Las noticias:

- *Se suspende el rescate del submarino X por falta de fondos.*
- *Se derrumbó un puente sobre un río diez minutos antes de que pasara un expreso con cientos de pasajeros.*
- *Los astronautas salieron al espacio durante casi nueve horas.*
- *2.000 menores desaparecen al día en Estados Unidos.*
- *Varias denuncias consideran que la muestra de fotografía en la que aparecen dos fotos de niños desnudos en la playa y en la nieve son obscenas.*
- *Tienen que caminar 12 kilómetros a pie para ir a clase.*

Sugerencia: Tomas datos de cada noticia y escribes el relato mezclando parte de una con parte de otra.

Por ejemplo:

- *Dos niños que habían desaparecido reaparecen desnudos dentro de un expreso que estuvo a punto de caer por un puente...*

De una frase

Otras veces, la historia nace del desarrollo de una frase. Después de leer un ensayo de Flannery O'Connor, donde se hablaba de la escritura como descubrimiento, Raymond Carver adoptó ese sistema: escribir un relato partiendo de una frase. Así cuenta su primera experiencia:

Al fin tomé asiento y me puse a escribir una historia muy bonita, de la que su primera frase me dio la pauta a seguir. Durante días y más días pensé mucho en esa frase: «Él pasaba la aspiradora cuando sonó el teléfono». Sabía que la historia estaba allí, que de esas palabras brotaba su esencia. Sentí hasta los huesos que a partir de ese comienzo podría crecer, hacerse cuento, si le dedicaba el tiempo necesario. Después de la primera frase, de esa pri-

mera frase escrita de buena mañana, brotaron otras frases para complementarla. Puedo decir que hice el relato como si escribiese un poema: una línea; y otra debajo; y otra más. Maravillosamente, pronto vi la historia y supe que era mía, la única por la que había esperado ponerme a escribir.

Sugerencia: Recoge las frases que te provoquen curiosidad entre las que oyes o las que lees y utilízalas cuando percibas que se expanden hacia nuevas direcciones.

De una impresión

Hay impresiones perdurables que más pronto o más tarde pueden ser motivadoras del comienzo de un relato.

Así lo cuenta José Luis Sampedro, refiriéndose al principio de su novela *El río que nos lleva*:

Tenía yo trece años y acababa de llegar a Aranjuez cuando me hice amigo de otros muchachos de mi edad con quienes, al llegar el verano, acudía a bañarme en el Tajo cada día. Hasta que cierta mañana de agosto nos fue imposible zambullirnos porque el río estaba como entarimado; es decir, completamente cubierto de troncos flotantes que unos hombres, saltando sobre ellos o desde la orilla y empujándolos o atrayéndolos con un gancho al extremo de una vara, conducían hacia el resbaladero de una presa, desde donde continuaban flotando río abajo hasta la playa (...) Aquellos hombres, rudos y elementales, pastores de tronco sobre el río, me impresionaron tanto (...) que nunca pude olvidarlos.

Sugerencia: Busca entre tus impresiones más escondidas, las que suelen aparecer en los momentos previos al sueño, y profundiza la que más te impacte, hasta pasar de lo real al terreno de lo imaginario.

Por azar

En muchas ocasiones, las historias llegan por casualidad, en forma inesperada. Es un asunto ajeno al escritor lo que provoca el germen de la historia, aunque suele llegarle al que tiene siempre las antenas preparadas para recibir el impacto y utilizarlo.

Para Paul Auster, el tema del azar es una de las constantes de su obra, precisamente porque el azar ha sido uno de los motores más importantes de su vida. El azar fue lo que le dio la idea para su novela *La ciudad de cristal*:

Un año después de la ruptura de mi primer matrimonio me mudé a un apartamento en Brooklyn. Fue a comienzos de 1980 y yo estaba trabajando en El libro de la memoria *(...) Un día, un par de meses después de mudarme, sonó el teléfono y del otro lado de la línea alguien me preguntó si hablaba con la agencia Pinkerton. Le dije que no, que se había equivocado, y colgué el auricular. Seguramente habría olvidado ese incidente de no ser porque al día siguiente llamó otra persona y me hizo la misma pregunta: «¿Hablo con la agencia Pinkerton?» Otra vez dije que no, le expliqué que se había equivocado de número y colgué. Pero un instante después comencé a preguntarme qué habría ocurrido si hubiera dicho que sí. ¿Habría podido hacerme pasar por agente de la Pinkerton? Y en caso afirmativo, ¿hasta dónde habría podido llevar el engaño?*

La idea del libro surgió de esas llamadas telefónicas, pero pasó más de un año hasta que empecé a escribirlo.

Sugerencia: Mientras estás en período de gestación literaria presta atención a tu alrededor, todo puede pasar a la literatura.

Trabajar con la idea

Un plan de trabajo es el inicio de un camino acertado que permitirá orientar la idea inicial y alimentar el estilo.

Así, varias son las tareas que es posible ejecutar para llevar la idea al papel o a la pantalla.

En primer lugar conviene visualizarla en su totalidad y expandirla, para delimitarla y saber dónde empieza y dónde termina, qué elementos debe contener y cuáles se deben desechar porque no aportan nada al conjunto o lo desvían hacia otra historia que no es la que deseas narrar.

Para ello te conviene realizar los siguientes pasos, al cabo de los cuales tu idea inicial se habrá enriquecido y sabrás distinguir la forma de esa idea:

1) Desarrollar un esquema que contenga la idea principal y las afines.

Ejemplo:
Idea principal a demostrar:

· *El amor verdadero en una pareja persiste más allá de la muerte de uno de los dos.*

Ideas afines:

· *Ningún amor es perfecto.*
· *Ningún amor es completo.*
· *La felicidad dura apenas algunos instantes aislados.*
· *Para encontrar el verdadero amor no hay que depender de la fantasía.*
· *El sufrimiento puede ser parte del placer.*

- *El amor verdadero implica sacrificios.*
- *Al desaparecer uno de los dos, el que queda reemplaza el objeto de dicho amor y lo enfoca hacia otras personas, hasta que encuentra el que le satisface.*

2) Comparar la idea principal con otras similares.

Ejemplo:
- *La amistad verdadera persiste más allá de la muerte.*
- *Comparar el amor por la pareja con el amor materno, paterno, filial.*

3) Señalar la idea opuesta a la principal.

Ejemplo:
- *El amor verdadero en una pareja no persiste más allá de la muerte de uno de los dos, sino que se transforma en otro tipo de sentimiento.*

4) Con el esquema completo a la vista, ampliar el campo de trabajo. Se trata de reunir datos concretos correspondientes a cada punto del esquema.

5) Organizar el material resultante siguiendo un objetivo, para lo cual se escogen los datos imprescindibles y se eliminan los prescindibles. La selección puede ir guiada por el tema a trabajar: la idea que subyace en el relato, expandida como tema, necesita ciertos datos que la apuntalen, y no necesita otros.

6) Dividir la idea en episodios.
    Al organizar el esquema de ideas se comprueba que

una idea no es un bloque indivisible, sino que está compuesta por muchísimos hilos que hay que desbrozar para reorganizar en conjuntos constituyentes de cada episodio. También se comprueba que algunos de estos hilos deberán ser descartados y otros deberán multiplicarse, ampliarse, expandirse.

Una vez que tienes reunido el material pertinente puedes dividirlo en episodios específicos.

7) Componer.

La tarea básica del cuentista y del novelista es inventar una mentira y componer, para que la mentira resulte convincente. Con elementos reales inventa un mundo irreal que resulte creíble. Para ello compone. Es decir, organiza con un sentido coherente y unitario los episodios.

8) Realizar un control.

El control se impone una vez que tienes claro el proyecto y vas a iniciar la escritura.

Consiste en indagar si el material escogido está bien ligado y si te remite, aunque sea vagamente, a novelas o cuentos existentes. Es de gran ayuda en este momento recurrir a un cuestionario como el siguiente:

a) ¿Cada párrafo se enlaza naturalmente con el siguiente?

b) ¿La idea crece a medida que avanza la narración?

c) ¿Agrego datos nuevos?

d) ¿No se reitera la información en forma innecesaria?

e) ¿Asocio el material reunido con alguna novela conocida?

f) ¿Qué aspectos me remiten a dicha novela?

g) ¿Cómo puedo alejarme de la misma y respetar mi
propia idea empleando mecanismos distintos?

Efectuado el control y pasados los filtros necesarios,
puedes disponerte a escribir, trazar el camino que
seguirá tu protagonista, portavoz de la idea principal, y
las apariciones de los restantes, sabiendo qué momento de la historia te conviene elegir como comienzo de
la novela.

Y, sobre todo, determinar cómo la cuentas.

Ahora que ya tienes el qué debes establecer el orden
que te permita decidir el cómo: cuentas la historia con
un discurso más o menos reflexivo, descriptivo, dialoga-
do, de acción, con abundancia de efectos sorpresivos,
con frases muy cortas, con un equilibrio entre algunas de
estas opciones u otras, etc.

> Si una idea se planifica con la mayor exactitud posi-
> ble, el objetivo hacia el cual se avanza estará siempre
> a la vista y escribirla será menos complicado que si
> no se hace.

La dificultad más común

«¿Qué sucede a continuación?» es la pregunta que aparece en algún momento de la ruta, aunque se haya
confeccionado un esquema completo. Pero tener el esquema es saber hacia dónde se deben dirigir los acontecimientos, lo cual ayuda a superar las dificultades.

La pregunta, la duda, aparece durante la escritura. Nuevas ideas suelen surgir mientras uno escribe, provenientes de la idea principal, y no se sabe bien qué acontecimiento escoger entre los que se superponen en la mente.

Si esto te ocurre, deja fluir tu pensamiento, no te obligues a resolver el problema de inmediato, ponte en movimiento y haz otra cosa mientras «ves» a tus personajes en acción. Luego recurre al esquema y elige la situación que responda mejor a las exigencias del mismo. Si no te decides por una de las posibles situaciones, abandona la escritura durante un tiempo, hasta que tu pensamiento reacomode el hilo principal de la historia y consigas la mejor resolución

Detenerse y delinear

Un objetivo esencial al escribir un relato es buscar un enfoque no mediatizado por el hábito social, por las conductas estereotipadas o por las convenciones existentes en el campo literario, que a causa de su uso excesivo han perdido la eficacia.

A menudo se percibe la recurrencia a los tópicos en los relatos de los escritores principiantes (*una muchacha de ojos negros como el azabache, de largas pestañas, de una piel suave y bronceada, una mansión oscura y tétrica...*). Es posible que se deba a que no hayan delineado previamente los elementos principales del relato ni se hayan planteado cómo les conviene desarrollarlos.

Para ajustar tu idea argumental puedes confeccionar una guía como la siguiente. Su función es establecer cómo está amueblado y habitado el mundo narrado y detectar si responde o no a un estereotipo.

a) Los personajes (cada individuo - el conjunto)
    Aspecto físico y situación psíquica
    Actitud: estática - dinámica
    Modo de presentación: nombres - retrato - acciones
    - diálogos - reflexiones, etc.

b) Los objetos:
    Tipo, cantidad.
    Características:
        animados - inanimados
        concretos - abstractos
        estáticos - en movimiento

c) Los sentimientos (personales - colectivos):
    Tipos predominantes:
        deseos - añoranzas
        emociones - impulsos
        hábitos - inquietudes

d) El tiempo:
    físico - mental
    climático - horario
    vital

2

Modos de plantear un relato

Principalmente, el oficio narrativo consiste en trabajar la historia desde la versión propia y única del autor.

El escritor es un constructor. Por alguna razón, elige un argumento y no otro. Su elección suele depender del tema que dicho argumento propone y que procede del contacto emocional del autor. A la vez efectúa la construcción con tanta pericia que emociona al lector.

Dice Manuel Vázquez Montalbán que «todo escritor se inspira en la realidad, lo que ocurre es que el juego literario es de una irrealidad esencial. Porque los escritores viven y contemplan la vida como los demás, pero luego tratan de ofrecer una realidad alternativa, reconstruida con palabras. Las personas normales tienen una relación directa con lo real, se enfrentan con ello y se dedican a ser albañiles, banqueros o militares... En cambio, un escritor deja de lado la realidad y organiza sus materiales con palabras para ofrecer una realidad alternativa.»

Los materiales y los medios utilizados pueden ser opuestos. Si analizas a Emma, la protagonista de *Madame Bovary*, de Flaubert, te encontrarás con un personaje que expresa las emociones con todo su corazón. Si analizas a Meursault, el protagonista de *El extranjero*, de Camus, te encontrarás con el personaje opuesto; carece aparentemente de sentimientos.

Pero los fines conseguidos son los mismos: conmover,

movilizar, porque, seguramente, ambos escritores los escribieron desde sus convicciones, sus necesidades y su emoción.

El ciclo narrativo

Una historia suele presentar tres fases, no siempre imprescindibles en el desarrollo escrito pero que conviene tener presentes mentalmente.

Estas fases son: la posibilidad del suceso, la realización y el resultado (según el criterio de Roland Barthes).

Ejemplo:
1) La posibilidad del suceso:

Marina desea ser millonaria.

2) Las alternativas de la realización:

a) Marina se casa con un magnate petrolero. (Realización 1.)
b) Marina gana una fortuna en el casino. (Realización 2.)
c) Marina atraca un banco. (Realización 3.)
d) Marina se queda con su sueño, pero no hace nada por conseguirlo. (No realización.)

En *d*, el ciclo narrativo se acaba.
En *a, b* y *c* comienza la tercera fase o resultado:

3) El resultado:

· Correspondiente a realización 1:

Marina tiene mucho dinero. (Conclusión típica de novela rosa.)

· Correspondiente a realización 2:

Marina pierde el dinero ganado en un taxi. (Conclusión abierta a distintas posibilidades: inicia la persecución del taxista y le suceden distintos avatares / sufre un colapso y se suicida / el taxista le devuelve el dinero, al poco tiempo lo pierde también en el casino, pero inicia una historia de amor / etc.)

· Correspondiente a realización 3:

Marina cae presa. (Conclusión que permite desviar la historia hacia una nueva idea. Por ejemplo:

Marina escribe un libro en la cárcel y, más que el dinero, le interesa transmitir sus reflexiones profundas e inicia un camino hacia la meditación.)

Variante:

Una segunda posibilidad es constituir series narrativas reunidas en un mismo ciclo, como una especie de sinopsis del futuro desarrollo.

Cada serie puede convertirse así en un episodio o en una escena principal de una narración escrita.

Ejemplo:

El ciclo completo en una frase:

Fernando organiza un viaje a Cartago, no encuentra billete directo, se ve obligado a hacer parte del trayecto en barco, ve por primera vez un caimán, se entusiasma, se adentra en la selva con un grupo de viajeros, se declara un incendio y deben retroceder, se queda unos días en una aldea a esperar que extingan el incendio.

Las series narrativas:

a) *Fernando organiza un viaje a Cartago,*

b) *no encuentra billete directo,*

c) *se ve obligado a hacer parte del trayecto en barco,*

d) *ve por primera vez un caimán,*

e) *se entusiasma,*

f) *se adentra en la selva con un grupo de viajeros,*

g) *se declara un incendio y deben retroceder,*

h) *se queda unos días en una aldea a esperar que extingan el incendio.*

Las series de los diversos ciclos narrativos se pueden intercalar.

Ejemplo:

a) *Marina atraca un banco.*

b) *Fernando está retirando dinero del banco para irse de viaje y es testigo de su detención.*

c) *Mientras está en el banco, Fernando no deja de mirarla; después no puede borrar la imagen de Marina de su mente.*

d) *Averigua en qué prisión está y le escribe una larga carta.*

Etc.

Una guía útil

El ciclo narrativo se puede organizar otorgando más importancia a un aspecto de la idea y menos a otros. Estos aspectos pueden corresponder a momentos de mejoría y de deterioro que viven los personajes durante la marcha de los acontecimientos y te pueden servir de guía para escribir tu historia.

Siguiendo a Bremond, los momentos básicos de un relato clásico suceden en el siguiente orden, que podría ser el de tu relato:

Mejoría

· El cumplimiento de la tarea.
· La intervención de aliados.
· La eliminación del oponente.
· La negociación.
· El ataque.
· La satisfacción (castigo, venganza o recompensa).

Deterioro

· El tropiezo (equivocación, fallo, crimen).
· La creación de un deber.
· El sacrificio.
· El ataque soportado.
· El castigo soportado.

Al enlazar o intercalar un episodio puedes plantearte si supone una mejoría o un deterioro para tus personajes: el proceso de cambio de una historia implica una mejoría o un deterioro respecto de la situación inicial, el juego resultante determina el ritmo del relato.

Pasos de la construcción

La construcción narrativa completa engloba una serie de facetas: argumento, intriga, trama.

El argumento es la primera maqueta del edificio, las distintas partes que lo componen se podrían equiparar con la intriga (que se apoya sobre una serie de motivos temáticos, vinculados al tema principal), el montaje que estructura la construcción definitiva y la disposición de las partes sería la trama.

1) El primer paso de la construcción es saber qué dirección debe tomar el argumento. No es necesario conocer el argumento en su totalidad. Se puede precisar o ajustar a medida que se avanza en la redacción.

2) El segundo paso de la construcción es señalar los momentos culminantes de la historia escrita. Si es una novela, se destacan además los momentos culminantes de cada capítulo.

3) El tercer paso es decidir el tono. Buscar el equilibrio entre la velocidad y el descanso. Para la velocidad, la acción. Para el descanso, la descripción. O crear el tipo de atmósfera que se pretende.

4) El cuarto paso es determinar si se da importancia a los personajes o a la acción. Lo puedes hacer gracias al plan que se desprende de los pasos anteriores.

La pregunta que te harás será: ¿El énfasis caerá sobre las «personas» o sobre los acontecimientos?

5) El último paso corresponde al montaje de la trama, la disposición literaria de los hechos en la que suelen prevalecer algunos factores que compliquen la actuación del protagonista, que anulen, obstaculicen o desvíen su voluntad, es decir, que sustenten el conflicto.

El requisito para que la trama funcione es la unidad, la correspondencia entre todas sus partes, que todos sus elementos sean funcionales; por ejemplo, si se nombra la luna, esa luna tendrá posteriormente una función en la totalidad.

Planteamiento, nudo y desenlace

El concepto clásico de narración literaria presenta un planteamiento, un nudo y un desenlace. Estas tres partes corresponden a la obra en su conjunto y a los microcosmos que lo constituyen.

Siguiendo la teoría de Aristóteles, en el primer momento se presentan una situación y un personaje que desea algo positivo o negativo (un objeto, un cambio personal, cumplir un anhelo, así como huir de una amenaza o de un recuerdo). Es el momento de la intención.

En el segundo momento se muestran todos los aspectos del conflicto que vive el protagonista. Es el momento de las peripecias.

En el tercer momento, el personaje obtiene o no obtiene lo que pretendía, triunfa o es derrotado, continúa o abandona. Comienza el clímax, un punto de máxima tensión debido al cual es necesario un cambio de movimiento en la narración. Se resuelve lo presentado en los dos momentos anteriores en un desenlace.

En la narración actual, el planteamiento, nudo y desenlace no corresponden necesariamente al principio, medio y final de la historia en su orden cronológico y lógico, sino más bien a una apertura contundente, un desarrollo nuclear y un final efectivo, que abra un interrogante que provoque en el lector –como quería Julio Cortázar– la sensación de que ya no es el mismo después de haber leído ese relato.

El esquema anterior se sostiene sobre un conjunto de nudos principales (entre tres y cinco generalmente).

Titula los núcleos con una acción que los sintetice y te será más fácil definir cuáles son los momentos candentes e irreemplazables de tu relato. Podrían ser: «asesinato - búsqueda - huida»; «encuentro - esperanza - desencuentro»; «enamoramiento - muerte - travesía»; etc.

El dibujo de un esquema que contemple el posible equilibrio entre las partes del relato puede servirte de guía durante la escritura. Por ejemplo:

	Núcleo central	Núcleo central	Núcleo central
Momentos irreemplazables	Asesinato	Búsqueda	Huida
Expansiones	Enfrentamiento Persecución	Equivocación	Desencuentro Confusión

> Expón un núcleo central expandido, continúa con otro
> y finaliza con otro, en el orden que prefieras.

Trazarse un esquema de funciones

Tomando como base el análisis de Vladimir Propp, que en 1928 estudió los cuentos rusos y estableció que en todo cuento maravilloso siempre hay una serie de funciones encarnadas por los personajes, puedes tomar como estructura de tu relato el siguiente cuadro, como un estímulo y no como una receta, y utilizarlas otorgándole el orden y el sentido que te parezca. Así, por ejemplo, cuando dice: «el lugar en el que está», ese lugar puede ser mental, de relación con otro personaje, etc., no necesariamente tiene que ser un lugar físico. En cualquier caso, las funciones que elijas te permitirán avanzar en el camino de tu narración escrita y te ayudarán a centrarte, a establecer un ritmo de tensiones y distensiones, muy útil si tratas de crear un relato de suspense.

a) Definir al héroe o la heroína: ¿quién es?

b) Un deseo del héroe: ¿qué persigue?

c) Consejos o advertencias que recibe el héroe, dados por otro personaje especial: ¿quién es?

d) El lugar en el que está: ¿dónde?

e) La partida o el cambio: ¿cómo lo decide?, ¿hacia dónde va?

f) El encuentro con alguien o algo que le ayudará: ¿con quién?

g) Una dificultad, un obstáculo, una amenaza: ¿de qué tipo?

h) Un lugar al que llega: ¿cuál?

i) El antagonista: ¿ocupa ese lugar?, ¿quién es?

j) Fracaso del héroe en su intento: ¿cómo?

k) Ayuda del amigo: ¿cómo?

l) Desenlace.

Elaborar y planificar

Tomar notas para tu futura historia escrita es un recurso que puede enriquecerla. No sólo notas que amplíen el argumento, sino reflexiones sobre la disposición de la historia, la distancia entre el que la cuenta y lo narrado, etc.; es decir, elaborar la futura producción y planificar hasta sus menores detalles.

John Irving dedica más de un año, incluso dos, a tomar notas. No le gusta empezar una novela si no conoce la historia completa. Dice que necesita saber «cuáles son los personajes principales, cuándo y dónde se conocen y cuándo y cómo sus caminos vuelven a cruzarse. Tengo que conocer el final de un relato antes de que pueda ponerme a imaginar cuál sería el mejor comienzo de ese relato. Del comienzo me ocupo al final.

»En la voz del narrador ha de haber autoridad y autenticidad. Los lectores confían en que el narrador sea un experto, por lo menos en ese relato determinado. ¿Cómo puedes ser un experto si no sabes lo que sucede?

»Cuando escribo la primera frase de una novela ya no

quiero seguir inventando. Al empezar a escribir, casi toda la invención ha quedado atrás. Sólo trato de recordar lo que ya he imaginado, en el orden en que ya lo he seleccionado y que considero que es el mejor para los lectores. Narrar consiste tanto en saber qué información debes reservarte como lo que vas a decir».

Por qué un desarrollo y no otro

Definir las razones que te llevan a escribir una historia y no otra es una condición importante para perfilar tu idea principal, la que quieres sugerir en el relato, y para que dicha historia resulte coherente.

Puedes hacerte preguntas al respecto como las siguientes y deducir conclusiones de las respuestas, que te permitirán avanzar en la constitución del mundo a narrar:

a) ¿Qué idea me interesa destacar?

b) ¿Es una idea que tiene vigencia?

c) ¿De parte de qué personaje estoy?

d) ¿Lo defenderé siempre?

e) ¿Qué pretendo provocar en el lector?

f) ¿Puedo interesar a un público amplio o restringido?

g) ¿Con qué otras ideas establezco conexión?

h) ¿Me conviene incorporar alguna de estas nuevas ideas en mi relato?

i) ¿Cómo la encarno?

Pero ten en cuenta que, generalmente, encuentras las mejores respuestas durante la escritura misma.

En cuanto tengas claras las razones que te conducen a la narración de una historia, asegúrate de que los acontecimientos y sus protagonistas son los que realmente te convienen o plantéate si conviene reemplazarlos por otros.

Cómo comienza la historia escrita

Un inicio debe atrapar al lector. Hay que lograr introducir el tono emocional de la historia desde las primeras líneas. Además, no debes incluir en ese comienzo demasiados datos, que no puedan ser retenidos y abrumen, o demasiado pocos, que resten interés a lo narrado.

Puedes plantear un conflicto en los primeros párrafos o sugerir que algo va a ocurrir.

El inicio de los cuentos tradicionales suele presentar un incidente que desencadena el resto. Éstos pueden ser:

- Falta de dinero.
- Carencia de un marido, una mujer o un niño.
- Falta de poder, de relieve social.
- Falta de cualidades físicas, psíquicas o morales.
- Falta de seguridad, de libertad o de salud.
- Carencia de objetos auxiliares preciosos (como el objeto mágico).

Generalmente se trata de un conflicto con otros personajes o consigo mismo, una carencia o un contratiempo que pone en movimiento al personaje en cuestión.

Son raras las situaciones iniciales felices; si las hay, pocas líneas más abajo aparece el obstáculo. De este modo se consigue la tensión desde las primeras líneas. Por ello, numerosos escritores actuales recurren a este esquema para organizar la trama de un cuento o una novela.

Ejemplo:
Italo Calvino trabaja con los dos tipos de inicio:

1) Inicio que presenta un contratiempo, en *Aventura de una bañista*:

Mientras se bañaba en la playa de ***, la señora Isotta Barbarino sufrió un enojoso contratiempo. Nadaba lejos de la orilla y cuando, pareciéndole que era hora de volver, se dirigió a la orilla, se percató de que había ocurrido un hecho que no tenía remedio. Había perdido su bañador.

2) Inicio que presenta una situación feliz, pero enseguida aparece el conflicto, en *Aventura de un miope*:

Amilcare Carruga era todavía joven, no estaba desprovisto de recursos, no tenía exageradas ambiciones materiales ni espirituales; nada le impedía, pues, gozar de la vida. Sin embargo advirtió que, desde hacía algún tiempo, la vida perdía imperceptiblemente sabor para él.

Escribe el inicio de tu historia refiriendo un momento dramático vivido por el protagonista en lugar de describir primero el entorno o los pasos previos a dicho momento y tendrás asegurado el interés del lector.

Cuándo acaba la historia escrita

La historia escrita no acaba cuando termina la anécdota real ni la historia que te han contado ni la que has vivido. Acaba cuando se ha proporcionado toda la información básica y el lector puede sorprenderse, reflexionar y sacar sus propias conclusiones.

El final debe resolver los problemas planteados al principio y en el medio. Por lo tanto, no debe ser ilógico o forzado, no debe producir la sensación de estar colocado a presión.

No recurras a la muerte como fórmula fácil para resolver un final si esta muerte no es la consecuencia inevitable de la intriga planteada.

Una vez que deduces cuál es el final adecuado, la construcción puede responder a cualquiera de las formas literarias que conozcas, como las que siguen, entre otras.

1) Dialogada.

Ejemplo:

–*¿La calle del Olvido? ¿Mi guión? ¿Es que de repente te gusta?*

–*Me encanta, porque ha sido el germen de todo. Pero, eso sí, hay que meterle más cosas. Muchas más cosas.*

–*¿Cosas de qué tipo?*

–*De las de verdad. Hasta mañana,* honey.

CARMEN MARTÍN GAITE, *Irse de casa*

2) Presentación del entorno que rodea a los personajes.

Ejemplo:

Aunque el sacerdote y la asesina seguían en su mesa cuchicheando y dando sorbitos, las salas del restaurante se habían vaciado, y M. Soulé se había retirado. Sólo quedaban las chicas del guardarropas y unos pocos camareros que sacudían las servilletas impacientemente. Los mozos volvían a poner las mesas y arreglaban las flores para los visitantes nocturnos. Se respiraba una atmósfera de agotamiento lujoso, como una rosa marchita que se deshojara, mientras afuera sólo aguardaba el fracasado atardecer de Nueva York.

TRUMAN CAPOTE, *Plegarias atendidas*

3) Acción.

Ejemplo:

Don José entró en la Conservaduría, fue a la mesa del jefe, abrió el cajón donde lo esperaban la linterna y el hilo de Ariadna. Se ató una punta del hilo al tobillo y avanzó hacia la oscuridad.

JOSÉ SARAMAGO, *Todos los nombres*

No olvides que un desenlace poco probable o un final que no es un desenlace y pide continuación empobrecerá o arruinará una historia.

El tratamiento de la intriga

Historia e intriga son términos semejantes. Unos dicen historia y se refieren a intriga. Y otros hablan de intriga pensando en una historia.

Si se reducen los momentos principales de una historia a un esquema lógico inteligible, se percibe con nitidez la intriga de una novela o un cuento. La intriga es una historia bien construida, con relaciones causales precisas. Pero más de una intriga zozobra debido a un exceso de orden, debido a que el escritor intenta imitar el orden de lo real (levantarse de la cama, asearse, desayunar, por ejemplo) y sólo consigue un aburrido inventario inútil por consabido.

Básicamente, intriga no significa que todo hecho siga al precedente, sino que implica un cambio o un crecimiento. Significa selección, armonía y composición en una trama que no copie la realidad, sino que destaque los aspectos conmovedores de una realidad arquitectónicamente montada. O sea, es una unidad que estructura y simplifica la acción, pero no presenta un orden causal absoluto, sino un cierto desorden estético exigido por la economía de la ficción.

En suma, intriga no es explicación, es condensación.

Otorga tanta importancia a la construcción de la intriga como la que das a la construcción de los personajes o a la expresión de tus propios sentimientos; si no lo haces, el resultado podría ser un boceto de personajes o una prosa poética, y no una novela o un cuento.

Formas de narrar

Existen formas tradicionales de narrar que permiten trabajar la intriga para constituir una trama.

Una es directa, en la que los hechos se desarrollan ante los ojos del lector, y en la que los personajes se definen gracias a estos hechos: corresponde a las escenas.

Otra es indirecta, en la que el narrador actúa de intermediario entre las reacciones de los personajes, sus circunstancias, la acción y el lector. Corresponde al resumen y la descripción.

La combinación de la escena, el resumen y la descripción te permite establecer el ritmo de tu relato.

Una escena, ¿por qué?

La escena es una parte de la narración en la que el narrador queda a la sombra, el espectáculo está desarrollado por los personajes. Presenta las palabras de los personajes: la escena suele ser una acción hablada, los personajes actúan y hablan por sí mismos. Por tanto, los diálogos breves e incisivos contribuyen a un mayor dramatismo, a dar más fuerza a la escena. Se pueden describir en detalle los gestos de los interlocutores, como hace Henry James, o no describirlos, como suele hacer Ernest Hemingway.

Como recurso de composición, la escena coloca al lector en medio de la acción dramática, como asistiendo a los hechos.

Sus límites son precisos, constituyen una secuencia completa identificable dentro de la trama, responden a la unidad de tiempo, acción y lugar.

¿Cuándo puedes emplear una escena?

Principalmente con los siguientes fines:

a) Constituir un incidente crucial o un momento culminante: un episodio completo, con intervención o no de un narrador que hace determinadas aclaraciones. El episodio puede presentar una crisis, un conflicto, un planteo de intenciones, la persecución de un objetivo, determinadas estratagemas.

b) Indicar un pequeño incidente: un acto breve pero significativo que sirve como fondo o realce de una acción.

c) Hacer creer que se reproduce imaginariamente un fragmento de la vida.

d) «Mostrar» cómo ocurre el episodio.

e) Desplazar hacia los personajes el peso de la narración.

f) Dar una impresión de continua acción presente.

Cada escena completa destaca un momento de la narración. Procura visualizar las escenas cuando escribes como
si dejaras transcurrir una película en tu mente.

El resumen

El resumen es una narración panorámica de los aspectos
informativos referidos a los personajes y sus relaciones en
un medio y un momento determinados.

Su empleo permite los siguientes fines:

a) Condensar el tiempo transcurrido en una sola frase
o un grupo de frases (*pasaron quince días, un año más
tarde...*) para tender un puente entre dos momentos.

b) Proporcionar información para que el lector entien-
da la historia.

c) Resumir parte de la historia para que el lector capte
las razones de los personajes y las relaciones entre
ellos.

d) Sugerir a partir de la información expuesta los cambios
que sufren los personajes a lo largo del relato.

La acción

La acción es un mecanismo de la escena, genera cambios, transformaciones, frente a la descripción que implica continuidad y duración. Forma parte de la intriga y se
vincula al conflicto.

Está constituida por la serie de incidentes protagonizados por los personajes: los personajes son los motores de la acción narrativa. Su función principal es mantener la expectativa del lector.

Una historia de aventuras requerirá un ritmo ágil y veloz: los hechos se encadenarán unos a otros, pero no habrá una tendencia a describir los elementos o circunstancias de la historia en profundidad; abundará el resumen y la escena, y escaseará la descripción. Su ritmo será ágil.

En una historia de tipo psicológico, con pocos hechos y bien analizados, pueden predominar la descripción y la escena, pero se recurrirá muy poco al resumen. Su ritmo será lento.

Ejemplo:

El uno era un muchacho frescote, rollizo, de ojos negros, pelo abundante, lustroso y revuelto, boca risueña, redonda barbilla y dientes y color de una salud de bronce; representaba doce años de edad y vestía como los hijos de los señores.

Traía de la mano a una muchachuela pobre, mucho más baja que él, delgadita, pálida, algo aguileña, el pelo tirando a rubio, dura de entrecejo y valiente de mirada.

JOSÉ MARÍA DE PEREDA, Sotileza

Recurrir a las unidades

En la narrativa clásica se valoraba la unidad de tiempo, de acción y de lugar que puedes retomar como fórmula para lograr la necesaria cohesión del relato.

La idea es considerar que cada elemento del relato responde a una unidad y que todos los elementos se sostienen mutuamente; en consecuencia, se conseguirá condensar, dosificar la información, no dar más información de la necesaria y dar la pertinente.

«En mis años de aprendizaje yo estaba en contra de las unidades (las veía como trabas a la libertad, pero con alguna sorpresa fui notando que las historias cuando se ajustan, cuando se comprimen, salen mejor) –asegura Bioy Casares–. Las palabras lo dicen: comprensión, tensión, intensidad, una cosa trae la otra. Sobre la unidad de tiempo diré que a veces preveo una duración de un mes para la acción del relato que estoy por escribir; pero al contarlo (o contármelo) advierto que si dura una semana será más intenso. Finalmente, cuando lo escribo, le doy una duración de cinco días. No hay duda: conviene que la ficción transcurra en el menor tiempo posible. Sé como lector y como escritor que los relatos cuya acción no dura más de un día logran frecuentemente una satisfactoria vivacidad.

»Cuando Stevenson no observa la unidad de lugar en *El mayorazgo de Ballantrae,* una novela maravillosa, el relato pierde fuerza. Mientras todo ocurre en Escocia, uno cree en la historia que está leyendo, pero cuando hay que seguir a un personaje a las colonias, en Norteamérica, la acción se dispersa y el lector se vuelve incrédulo e indiferente.

»La unidad de acción excluye episodios y personajes innecesarios y pide que todo suceda con arreglo al tema central. Desde luego, no hay que exagerar. Alguna digresión que afloje la trama puede ser necesaria para que corra aire... Para escribir, como para cocinar, el tino es indispensable.»

Distender el clima

La descripción (desarrollada en el capítulo siguiente) y la reflexión (los pensamientos del personaje o del narrador) son formas que permiten distender el clima después de un pasaje de acción o entre dos acciones. Después de un pasaje activo, de un ritmo veloz, se puede recurrir a estas formas como descanso antes de retomar la acción, o no.

Ejemplo:
a) Acción + descripción + acción:

Después de sacar las entradas tomé un taxi hasta el parque. Debí coger el metro porque se me estaba acabando la pasta, pero quería salir de Broadway lo antes posible. (Acción.)

El parque estaba que daba asco. No es que hiciera mucho frío pero estaba muy nublado. No se veían más que plastas de perro, y escupitajos, y colillas que habían tirado los viejos. Los bancos estaban tan mojados que no se podía sentar uno en ellos. Era tan deprimente que de vez en cuando se le ponía a uno la carne de gallina. No parecía que Navidad estuviera tan cerca. En realidad no parecía que estuviera cerca de nada. (Descripción.)

Pero seguí andando en dirección al Mall porque allí es donde suele ir Phoebe los domingos. Le gusta patinar cerca del quiosco de la música. Tiene gracia porque allí era también donde me gustaba patinar a mí cuando era chico.

Pero cuando llegué no la vi por ninguna parte. Había unos cuantos críos patinando y otros dos jugando a la pelota, pero de Phoebe ni rastro. (Acción.)

J. D. SALINGER, El guardián entre el centeno

b) Acción + reflexión:

Dimitri soltó a su víctima; quedose mudo, pálido como un cadáver... En la expresión de su mirada se leía claramente que lo había comprendido todo, hasta el último detalle... La pobre Fenia estaba aterrorizada. Las manos de Dimitri estaban teñidas de sangre. Sin duda se había limpiado la cara con el pañuelo, y de ahí los dos manchones rojos que llevaba en la mejilla derecha. (Acción.)
Maquinalmente sentose al lado de Fenia y se puso a reflexionar. Todo se lo explicaba entonces. La misma Gruschegnka le había contado su historia enterándole del contenido de la carta que había recibido del oficial. ¿Cómo no había pensado antes en eso? Y esta pregunta adquiría en su imaginación las proporciones de un martirio insoportable. De repente pareció tranquilizarse, y dirigió la palabra a Fenia, con voz tímida, casi infantil... (Reflexión.)

FIODOR DOSTOIEVSKI, *Los hermanos Karamazov*

En la narración predominan los verbos.
En la descripción predominan los sustantivos, los adjetivos y los adverbios.

Una propuesta

Para aprender a dosificar la descripción y la acción en un relato puedes recurrir a listas de objetos y de acciones que puedan tener cabida en la historia que imaginas y que te permitirán establecer el juego narrativo entre descripción y acción.

Una lista podría ser la siguiente, con la cual puedes practicar las siguientes variantes:

Descripción (transportes)	Descripción (vestimentas)	Acciones
Automóvil	Calcetines	Arrastrar
Tren	Pendientes	Imitar
Avión	Corbata	Soñar
Barco	Camisón	Atravesar
Bicicleta	Frac	Dominar
Triciclo	Sujetador	Saltar
Moto	*Blue-jeans*	Perseguir
Submarino	Impermeable	Besar
Autobús	Bolso	Disimular
Trineo	Gafas	Mirar
Ferry	Pañuelo	Probar

Escribe relatos breves elaborados según los siguientes esquemas:

- descripción / acción / descripción / acción
- acción / descripción / acción
- descripción / acción / descripción

Es necesario incorporar los detalles descriptivos o de la acción que el lector necesite para comprender la historia. Si faltan los esenciales, si, por ejemplo, el relato habla de una acción en un recinto cerrado y el narrador no especifica datos del recinto cerrado, la escritura puede resultar poco «visible». Al mismo tiempo, si se ofrecen detalles que no corresponden especialmente a la trama, lo más probable es que la historia se detenga o se diluya, que el lector pierda el hilo y deje de interesarle.

Distintos tratamientos narrativos en el mismo relato

Toda novela –y un buen número de cuentos– engloba variados modos de narración (descripción de los decorados, acción, diálogos y monólogos, reflexiones del narrador, etc.), partes diferenciadas entre sí muy bien integradas, elegidas en concordancia con el momento narrado y el estilo del autor, y la ligazón entre esas partes suele resultar invisible.

Ocho de estas variantes, trabajadas según las necesidades de la historia narrada, se pueden observar en un mismo fragmento del cuarto capítulo de *Rojo y negro* de Stendhal. Son las siguientes:

1) Descripción del lugar:

Un aserradero hidráulico se compone de un cobertizo al borde de un riachuelo. La techumbre se apoya en una armazón de madera que, a su vez, está sostenida por cuatro pilares también de madera. A ocho o diez pies de altura, en medio del cobertizo, baja y sube una sierra, contra la cual un mecanismo muy sencillo empuja un madero. Una rueda movida por el riachuelo pone en marcha este doble mecanismo: el de la sierra que sube y baja y el que va impulsando el madero hacia la sierra, convierte el madero en tablas.

2) Narración principal de la acción:

Cerca ya de la fábrica, el tío Sorel llamó a Julián con su voz estentórea. Nadie contestó. Sólo vio a sus hijos mayores, una especie de gigantes que, armados de pesadas hachas, escuadraban los troncos de pino para luego llevarlos a la sierra. Cuidando de seguir exactamente la señal negra previamente trazada sobre el madero, a cada hachazo se desprendían enormes trozos. No oyeron la voz del padre. Éste se encaminó al cobertizo, penetró en el mismo y buscó en vano a Julián en el lugar en que debiera hallarse, junto a la sierra. Lo divisó a una altura de cinco o seis pies, montado en una de las vigas del techo. Julián, en vez de atender con el mayor cuidado a la marcha de todo el mecanismo, estaba leyendo. Nada más irritante para el viejo Sorel; habría perdonado a Julián su endeblez corporal, tan poco a propósito para trabajos fuertes y tan distinta de la reciedumbre de sus hermanos; pero aquella manía de la lectura le resultaba odiosa: él no sabía leer.

3) Situación particular de acción con dos actores:

Llamó a Julián dos o tres veces, pero como si nada.

Mucho más que el ruido de la sierra, era la atención que el muchacho consagraba a su libro lo que le impedía oír la voz terrible de su padre. Por fin, cansado de gritar, y a pesar de sus años, el padre saltó con agilidad al tronco sometido a la acción de la sierra y de allí a la viga transversal que sostenía la techumbre. Un violento manotazo echó a volar hasta el riachuelo el libro que Julián tenía en las manos; un segundo golpe no menos violento dirigido a la cabeza del muchacho le hizo perder el equilibrio. Estuvo a punto de caer de una altura de quince pies, en mitad de las palancas de la máquina en acción, que le hubiese triturado, pero su padre lo sostuvo con la mano izquierda.

4) Diálogo sin respuesta (reproches del padre):

–¿De manera, so zángano, que te vas a poner a leer todos los días tus malditos libros mientras estás al cuidado de la sierra? Léelos,

si te da la gana, por la noche, cuando vas a perder el tiempo a casa del cura.

5) Situación emotiva individual (reacción de Julián):

Julián, aunque aturdido por el golpe y ensangrentado, fue a ocupar su puesto oficial, junto a la sierra. Se le saltaban las lágrimas, más que por el dolor físico por la pérdida de su adorado libro.

6) Diálogo sin respuesta (apelación del padre):

–Baja, animal, que tengo que hablar contigo.

7) Acción puntual:

También esta vez el ruido de la máquina impidió a Julián oír esta orden. Su padre, que había bajado ya, no quiso tomarse el trabajo de volver a subir sobre el mecanismo, fue a buscar un largo palo de varear nueces y le dio con él en el hombro. Apenas llegó al suelo el muchacho, el tío Sorel le echó con rudeza por delante, camino de la casa.

8) Monólogo:

«¡Sabe Dios lo que me va a hacer!», se decía el mozuelo. Al pasar, echó una triste mirada al riachuelo, en que había caído su libro; era el que más quería de todos, el Memorial de Santa Elena.

> Te conviene leer atentamente distintos tipos de novelas para conocer el mayor número de variantes y comprobar que un texto narrativo está constituido por distintas piezas, es heterogéneo, pero el ensamblaje debe ser tan perfecto que en una lectura común no se note.

El mismo argumento contado de distintas maneras

El mismo argumento se puede tratar como una historia fantástica, sentimental, metafísica, de terror, etc. Además, se puede variar el enfoque, el tono, el formato, la intención. Por lo tanto, antes de decidir su construcción definitiva, puedes experimentar varias posibilidades hasta encontrar la que mejor se ajuste al mismo.

Ejemplo:

El argumento (sin final aún) puede ser el siguiente:

Una mujer está en un bar y a través de la conversación que escucha en la mesa vecina se entera de que el marido de su mejor amiga la engaña.

Formas de contarlo
1) Con tono exaltado.

¡El impacto que sentí al escuchar aquello! Corrí. Cogí el teléfono. Marqué el número de mi amiga. ¡Pero no le pude decir nada!

2) Monólogo interior.

¿Qué dicen? Pero si es mi amiga, ¿qué hago?... ese rufián... claro, si también se me quiso insinuar...

3) Carta.

Roberto:

Acabo de enterarme que conoces (o más que conoces) a una tal Cloti. Como no me atrevo a decírtelo personalmente, te mando esta esquela. ¿Qué piensas hacer? No quiero que mi amiga sufra.

4) En forma cinematográfica.

Sara espera a otra persona. El bar está casi vacío, se instala en una mesa cercana a la pared. Detrás de ella, dos hombres hablan de un tercero. Ciertos datos le resultan familiares. Se concentra mientras toma una cerveza.

Se inclina hacia el espejo para escuchar mejor. Se pasa la barra de labios más veces de las necesarias. Están hablando de dos conocidos suyos, ya no tiene dudas. Así se entera de que el marido de su mejor amiga tiene una amante. Recoge datos de la amante. Deja plantado al que espera. Paga la cuenta y se va.

> Una vez que sabes cómo ordenarás, jerarquizarás, tratarás por escrito el argumento elegido, debes probar si el tratamiento elegido es el mejor.

4

Saber describir escenarios y actores

La descripción es la presentación de los personajes y las cosas (paisajes, objetos, ambientes, lugares...) presentes en la historia narrada. Contribuye a la introducción y ubicación de un personaje. Lejos de ser un añadido decorativo y dependiente, condiciona el conjunto de la narración.

Puede realizarse a través de un personaje que observa y lo transmite, un espía, un mirón, un curioso, un fotógrafo, entre otros. Así, describir puede ser explicar, detallar, reseñar, especificar, definir, referir.

Se describe para contar algo

Pero ¿cómo se consigue mostrar un personaje, un lugar, un objeto, como si el lector lo tuviera ante su vista?

André Malraux ha señalado, a propósito de Balzac, que cuanto más largas son las descripciones, menos «ve» el lector. Sin embargo, lo más importante es la mirada y los sentimientos del personaje:

En primer lugar, la descripción informa con el propósito de ampliar el campo narrativo.

En segundo lugar, la descripción marca un ritmo en la narración. Te permite crear una sensación de morosidad o de velocidad.

Según las conveniencias de tu relato, puedes trabajar

la descripción de un personaje (ya sea mediante el retrato –aspecto físico y características del personaje– o la etopeya –el carácter–), de un objeto, de un sentimiento, de un lugar.

Ejemplo:

   1. Retrato:

Llega Merlo a la hora consabida y puntual. Viste un traje de dril, color garbanzo; zapatos de lona. Entra con la chaqueta y el cuello desabotonados. Por el escote de la camisa asoman, negras, flamígeras y culebreantes hebras de cabello, porque el abogado es hombre de pelo en pecho. El sombrero de paja en una mano, en la otra un abanico de enea, semejante a un soplillo, con que se airea el sudoroso rostro. Es más bajo que alto, rudimentariamente trípudo, la tez de un moreno retinto, los mostachos amenazando a Dios y a los hombres, los dientes iguales y blancos, los ojos a propósito para abrasar almas femeninas.

RAMÓN PÉREZ DE AYALA, Próspero Merlo

   2. Etopeya:

No renunciaba a subir, a llegar cuanto más arriba pudiese, pero cada día pensaba menos en estas vaguedades de la ambición a largo plazo, propias de la juventud. Había llegado a los treinta y cinco años, y la codicia del poder era más fuerte y menos idealista; se contentaba con menos pero lo quería con más fuerza, lo necesitaba más cerca; era el hombre que no espera, la sed en el desierto que abrasa y se satisface en el charco impuro sin aguardar a descubrir la fuente que está lejos en lugar desconocido.

LEOPOLDO ALAS, La Regenta

3. Un objeto:

*A veces, el viejo instrumento tiene paradas, sobrealientos de asmá-
tico; a veces, la media voz de un marinero le acompaña; a veces
también, la ola que sube por las gradas de la escalera del muelle,
y que se retira después murmurando con estruendo, oculta las
notas del acordeón y de la voz humana; pero luego aparecen nue-
vamente, y siguen llenando con sus giros vulgares y sus vueltas
conocidas el silencio de la tarde del día de fiesta, apacible y triste.*

PÍO BAROJA, *Elogio del acordeón*

4. Un sentimiento:

*Ya no advierte dentro de sí otra tristeza que aquella que, con el
temor, es común a los recién llegados a alguna parte. Paso a
paso, el temor crece y es como el nivel ascendente del agua de una
gran charca, que quita seguridad a las piernas y que, a veces,
anega el corazón. (...) Vuelve la cabeza hacia la estación. Siente
que el corazón se le alarga, que al corazón le ha nacido algo desconocido hasta ahora. Y piensa en las raíces amarillas de las
humildes plantas de los caminos de su tierra.*

IGNACIO ALDECOA, *El corazón y otros frutos amargos*

5. Un lugar:

*La casa, de ladrillos y cubierta por un techo plano que sobresalía
unos cuantos pies, producía en medio del paisaje un efecto encan-
tador. Se componía de una planta baja y de un primer piso con
puerta y contraventanas pintadas de verde. De cara al mediodía,
no era tan ancha ni tan larga que necesitara otras aberturas que
las de la fachada, de rústica elegancia, consistente en una exqui-
sita limpieza. A la moda alemana, el saliente de los aleros estaba*

forrado con planchas pintadas de blanco. Alrededor de la casa se elevaban algunas acacias en flor y otros árboles olorosos, espinos rojos, plantas trepadoras, un gran nogal que había sido respetado y varios sauces llorones plantados en los arroyos. Detrás había un gran macizo de hayas y abetos, extenso fondo negro sobre el que destacaba vivamente la coquetona construcción.

HONORÉ DE BALZAC, *El médico de la aldea*

No recurras al inventario, al describir selecciona datos significativos que insinúen algo no dicho explícitamente en la narración.

Crear una atmósfera

No se debe explicar al lector cómo es un lugar o las facciones de un personaje mientras el personaje permanece al margen, como mero espectador. Si se describe el clima reinante, por ejemplo, es porque afecta al personaje y no porque al escritor se le ocurre citarlo.

Para ello, el recurso más sencillo es describir a través de la mirada y las emociones del personaje. De este modo se consigue crear una atmósfera.

Ejemplo:

Salisbury se extravió por las calles débilmente iluminadas, sin advertir el impetuoso viento que golpeaba con fuerza por las esquinas y elevaba en remolinos la basura dispersa sobre el pavimento, mientras negros nubarrones se acumulaban sobre la amarillenta luna. Ni siquiera la caída en su rostro de una o dos gotas de lluvia le sacó de sus meditaciones, y sólo comenzó a considerar la conveniencia de buscar algún refugio cuando la tormenta estalló de pronto en plena calle. Impelida por el viento, la lluvia descargó con tremenda violencia, salpicando al caer sobre las piedras y silbando por el aire, y pronto un verdadero torrente de agua corría por las calles formando arroyos y se acumulaba en charcos sobre los obstruidos desagües.

ARTHUR MACHEN, *La luz interior*

No intentes copiar la realidad tal cual es, sino reorganizarla en el texto con un sentido estético. Describir es hacer ver y no explicar. Es predisponer a los hechos o darlos a entender mediante los aspectos descritos.

Las técnicas y el ritmo

Las técnicas de la descripción son diversas y originan distintos ritmos narrativos. Igual que si fuera una cámara, el recorrido que efectúa la visión del narrador condiciona la percepción del lector. Entre las diferentes técnicas de descripción, podemos destacar:

1) De arriba abajo.

Ejemplo:

En lo alto de la escalera hay dos puertas marrones, en el descanso, que mide un metro cuadrado apenas, un jarrón de cerámica ocupa el rincón. Frente al peldaño inferior, una pequeña alfombra azul. Al pie de la escalera, un gato duerme.

2) De dentro afuera.

Ejemplo:

La sala está cargada de objetos de cristal que abarrotan las estanterías. El pasillo, unos metros antes de la puerta de la calle, desnudo. La casa está rodeada por un paisaje desierto, salvo a la caída de la tarde, cuando...

3) De lo general a lo particular.

Ejemplo:

El edificio parece pertenecer a un millonario. Sin embargo, lo conforman cuarenta pequeñas habitaciones de alquiler, ocupadas por dos o tres personas, con el baño compartido, un lavabo en la última habitación, ocupada por la cama de hierro, dos sillas y un armario desvencijado del que asoma el lazo de un sombrero.

4) De lo particular a lo general.

Ejemplo:

Lo primero que vio fue el lunar, después la cara completa, un óvalo redondo e inexpresivo apoyado en el respaldo del sofá esperando no se sabía bien qué.

5) De lo más próximo a lo más alejado.

Ejemplo:

El gorrión estaba a mis pies y giró varias veces hasta que levantó el vuelo. Era más ceniciento que los otros gorriones. El trayecto hasta el nido era de unos veinte metros. No se podía distinguir si alguien lo esperaba en la rama centenaria.

6) De lo más alejado a lo más próximo.

Ejemplo:
El avión dio una voltereta más allá de las nubes. Al instante, una estela de humo se aproximaba, los transeúntes pegaron un grito. Un instante más y se esparcían numerosos objetos de todo tipo a nuestro alrededor, entre los que sobresalía un biberón.

7) De lo real a lo imaginario.

Ejemplo:
Es un libro de tapas negras plastificadas. Tiene cien páginas y seis ilustraciones. De una ilustración salió un anciano de enormes orejas que mueve los ojos como si no pudiera adaptarse a la luz exterior.

8) De lo imaginario a lo real.

Ejemplo:
Tiene dos cabezas y dos bocas que hablan a la vez o eso me parece a mí hasta que se ilumina la escena y es una mujer con un sombrero que imita su propia cara para crear el engaño.

9) Topográfica.
Se describe un objeto inmóvil visto por un sujeto inmóvil.

Ejemplo:
Estoy bajo el paraíso y no sopla el viento que enfríe la luz del mediodía. La fronda del paraíso es atravesada por la luz y sobre el libro y el cuaderno abierto con la frase a medio terminar, escrita en tinta azul, se proyectan unos círculos solares, de distinto tamaño.
JUAN JOSÉ SAER, *Fresco de mano*

10) Cinematográfica.
Se describe un objeto móvil.

Ejemplo:

Es bueno contemplar alguna vez la cancha desde aquí, desde lo alto. (...)

Ahora se levanta un viento arisco y las gradas de cemento son recorridas por vasos de plástico, hojas de diario, talones de entradas, almohadillas, pelotas de papel. Remolinos casi fantasmales dan la falsa impresión de que las gradas se mueven, giran, bailotean, se sacuden por fin el sol de la tarde. Hay papeles que suben las escaleras y otros que se precipitan al vacío.

MARIO BENEDETTI, *El césped*

11) Fotográfica.
Se seleccionan elementos muy específicos que componen un ambiente.

Ejemplo:

Ahora, la sombra de la pilastra —la pilastra que sostiene el ángulo oeste del tejado— divide en dos partes iguales el ángulo correspondiente a la terraza. Esta terraza es una ancha galería cubierta que rodea la casa por tres de sus lados...

ALAIN ROBBE-GRILLET, *La celosía*

La técnica de descripción topográfica te permite describir algunos detalles; la cinematográfica te permite describir todo y conseguir un efecto vívido.

Conviértete en un gran observador

Los especialistas han señalado que lo que diferencia a los jugadores expertos de ajedrez de los principiantes es su modo de percibir. Se calcula que un experto ajedrecista debe tener un repertorio de cincuenta mil jugadas en el tablero, desde este conjunto percibe las jugadas y extrae la información. Se dice que un jugador de ajedrez no es un pensador profundo, sino un gran perceptor.

Éste es también el secreto para lograr la mejor descripción: recurrir a la observación como actitud esencial, usar los cinco sentidos para que la percepción sea total. Cuantos más aspectos recojas, contarás con más recursos para trabajar. La buena percepción es la base de la descripción.

Durante el proceso créate tu propio orden, enumera los elementos siguiendo un orden y delimitando cada observación. Puedes ir de lo general a lo particular. Por ejemplo: si observas un lugar, establece primero las características generales y a continuación describe los objetos, las personas, el momento, las condiciones atmosféricas, respondiendo a preguntas como las siguientes:

a) ¿Cómo es? (cualidad).

b) ¿Cómo está? (posición).

c) ¿Dónde está? (situación).

d) ¿Se ven animales, personas, coches? (complementos).

e) ¿Que hora del día se refleja? (tiempo).

f) ¿Qué colores predominan? (atmósfera).

g) ¿Qué ruidos se oyen? (atmósfera).

h) ¿Qué olores se aprecian? (atmósfera).

Recuerda que, una vez rellenado el cuestionario, del material observado deberás elegir aquellos datos que te permitan conseguir la narración que tienes programada y eliminar los innecesarios.

Si el lugar observado es *una casa antigua, con una sala dividida en dos partes por un arco, una habitación estrecha y oscura, un baño sin ningún espejo, una cocina con las paredes deterioradas, olor a lejía,* cuyos objetos son *una mesa de pino, sillas de plástico, una moqueta con una mancha granate, ocho platos desiguales, innumerables vasos, una papelera de metal, dos ceniceros publicitarios, una reproducción de Jesucristo, un reloj detenido,* puedes efectuar distintas elecciones que producirán distintos efectos o sugerirán distintos tipos de narración:

· *La habitación estrecha y oscura, las sillas de plástico y los ceniceros publicitarios, la moqueta con una mancha granate, el reloj detenido.* (Narración policíaca.)

· *Una sala dividida en dos partes por un arco, la mesa de pino, los platos desiguales, el olor a lejía.* (Narración de familia.)

Elige los datos adecuados al efecto que pretendes crear en tu narración. Potencia unos aspectos y no menciones otros.

Plantéate:

a) ¿Qué muestro?

b) ¿Por qué necesito mostrarlo?

c) ¿Cómo lo muestro?

5

La voz que narra

Autor eres tú, que escribes el libro. Narrador es la voz que habla en tu libro. Ésta es una diferencia fundamental: el tipo de narrador condicionará el tipo de relato. Elige tu narrador sabiendo por qué lo haces y te será más fácil avanzar en el relato, lograr una historia convincente.

Por ejemplo, en *Otra vuelta de tuerca*, de Henry James. No son pocos los que creen que el narrador es la institutriz. Otros opinan que el narrador es Douglas, pero el verdadero narrador es el sujeto que habla en primera persona (a veces del plural y otras del singular), que incluye en su relato la voz de Douglas y de la institutriz. La voz en primera persona con la que se inicia *Otra vuelta de tuerca*, y que no dice su nombre, es el único narrador de la historia, un «yo» sin nombre, que apenas hace preguntas y que se dedica a observar y a escuchar. Informa cómo un sujeto llamado Douglas les leyó un texto a su vez escrito por una institutriz a la que Douglas conoció y que murió veinte años antes.

Qué hace el narrador

Al narrador le competen una serie de funciones:
1) Narra la historia.

2) Organiza los hechos en un orden y con un sentido.

3) Testimonia, informa sobre la veracidad de los hechos, su procedencia, sus condiciones de aparición.

4) Proyecta un esquema de valores, una mirada del mundo desde una perspectiva determinada.

5) Expresa a través de un tono de voz.

6) Establece una relación con los personajes: por detrás, con o desde fuera de los mismos.

7) Establece una relación con los acontecimientos: participa de los acontecimientos como protagonista o como testigo, o se sitúa al margen de los mismos, es omnisciente.

El narrador protagonista

Si el narrador es el protagonista, cuenta su historia en primera persona, a él le pasan las cosas, sufre los hechos, es el encargado de la narración de la historia que vive, actuando o mirando. Algunas de las formas que puede adoptar son las siguientes:

1) No conoce del todo los hechos. Sentimentaloide. La culpa es su motor.

Estaba tan apurada de dinero que me había presentado a las pruebas para aquella película porno dos días antes y me había quedado atónita al ver cuánta gente aspiraba a uno de esos papeles sin diálogo, o, bueno, sólo con exclamaciones. Había ido hasta allí con el ánimo encogido y avergonzado, diciéndome que la niña tenía que comer, que tampoco importaba tanto y que era improbable que esa película la fuera a ver nadie que me conocie-

se, aunque sé que siempre todo el mundo se acaba enterando de todo lo que sucede. Y no creo que nunca llegue a ser nadie para que en el futuro quieran hacerme chantaje con mi pasado. Por otra parte ya hay bastante.

Al ver aquellas colas en el chalet, en las escaleras y en la sala de espera (las pruebas, como el rodaje, se hacían en un chalet de tres pisos, por Torpedero Tucumán, por esa zona, no la conozco), me entró miedo a que no me cogieran, cuando hasta aquel momento mi verdadero temor había sido el contrario, y este otro mi esperanza: que no les pareciera lo bastante guapa, o lo bastante opulenta.

JAVIER MARÍAS, *Estaba tan apurada de dinero*

2) Protagonista grupal. Alevoso. Necesita alterar, llamar la atención. La agresión es su motor.

Ambos somos feos. Ni siquiera vulgarmente feos. Ella tiene un pómulo hundido. Desde los ocho años, cuando le hicieron la operación. Mi asquerosa marca junto a la boca viene de una quemadura feroz, ocurrida a comienzos de mi adolescencia.

Tampoco puede decirse que tengamos ojos tiernos, esa suerte de faros de justificación por los que a veces los horribles consiguen arrimarse a la belleza. No, de ningún modo. Tanto los de ella como los míos son ojos llenos de resentimiento, que sólo reflejan la poca o ninguna resignación con que enfrentamos nuestro infortunio. Quizá eso nos haya unido. Tal vez unido no sea la palabra más apropiada. Me refiero al odio implacable que cada uno de nosotros siente por su propio rostro.

MARIO BENEDETTI, *La noche de los feos*

3) Evocativo y analítico. Se desdobla. Necesita explorar. La duda es su motor.

He apreciado con frecuencia que después de haber conferido a los caracteres de mis novelas alguna prenda atesorada de mi pasado, ésta languidecía en el artificial mundo donde la había situado tan abruptamente. Aunque persistía en mi mente su ardor personal, su estímulo retrospectivo había desaparecido y, luego, se identificaba más estrechamente con mi novela que con mi anterior yo, donde parecía estar a salvo de la intrusión del artista. Las casas se han desmoronado en mi memoria tan silenciosamente como lo hacían en las películas mudas de antaño; y el retrato de mi vieja institutriz francesa, a la que presté una vez a un chico en uno de mis libros, se desvanece rápidamente, ahora que está sumergida en la descripción de una infancia que no tiene ninguna relación con la mía. El hombre que hay en mí se rebela contra el novelista y es ahí donde está mi desesperado intento por salvar lo que ha quedado de la pobre Mademoiselle.

VLADIMIR NABOKOV, *Mademoiselle O*

4) Observador, desconfiado. Necesita probar. La desconfianza es su motor.

La vi desde la puerta del diario, apoyado en la pared, bajo la chapa con el nombre de mi abuelo, Agustín Malabia, fundador. Había venido a traer un artículo sobre la cosecha o la limpieza de las calles de Santa María, una de esas irresistibles tonterías que mi padre llama editoriales y que una vez impresas quedan macizas, apenas ventiladas por cifras, pesando sensiblemente en la tercera página, siempre arriba y a la izquierda.

Era un domingo a la tarde, húmedo y caluroso en el principio del invierno. Ella venía del puerto o de la ciudad con la valija liviana de avión, envuelta en un abrigo de pieles que debía sofocarla, paso a paso contra las paredes brillosas, contra el cielo acuoso y amarillento, un poco rígida, desolada, como si me la fueran acercando el atardecer, el río, el vals resoplado en la plaza por la banda, las muchachas que giraban emparejadas alrededor de los árboles pelados.

Ahora caminaba por el costado del Berna, más joven, más pequeña dentro del abrigo desprendido, con una curiosa agilidad de los pies que no era transmitida a las piernas, que no alteraba su dureza de estatua de pueblo.

J<small>UAN</small> C<small>ARLOS</small> O<small>NETTI</small>, El álbum

El narrador testigo

El testigo interviene en la historia como observador. Narra lo que ve o escucha. No conoce el pasado y el mundo interior de los personajes, salvo que éstos se lo confíen.

Algunas de las formas que puede adoptar son las siguientes:

1) Testigo que se instala en la piel de un personaje que está dentro de la situación (Jorge). Emplea la descripción como parte de la narración:

La puerta del bodegón de Enrique se abrió y entraron dos hombres. Se sentaron al mostrador... Afuera estaba oscureciendo. La luz de la calle entraba por la ventana... Ambos salieron a la puerta. Jorge los observó por la ventana, al pasar bajo la luz del alumbrado y a través de la calle. Con sus sobretodos ajustados y sus galeras hongo parecían una pareja de vodevil. Jorge se volvió por la puerta vaivén a la cocina y desató a Nick y al cocinero... Afuera, la luz del alumbrado brillaba a través de las ramas desnudas de un árbol. Nick subió la calle junto a las huellas de

los autos y dobló en el siguiente farol de alumbrado hacia una
calle lateral. Tres casas más arriba estaba el hospedaje de
Hirsch.

ERNEST HEMINGWAY, *Los asesinos*

2) Testigo que explica la visión que los personajes tienen
de la situación. Emplea la interrogación y la duda.

Ejemplo:

Los escasos viajeros se asomaban a las ventanillas de los vago-
nes y encontraban raro ver a aquella gente en el andén, dispo-
niéndose a abordar un tren a aquella hora de la noche. ¿Qué
asuntos los habrían sacado de sus casas? A aquella hora, la
gente debería estar pensando en acostarse. En las casas de las
colinas que se veían detrás de la estación, las cocinas estaban
limpias y arregladas; los lavavajillas hacía mucho que habían
concluido su función, todo estaba en su sitio. Las lamparillas de
noche brillaban en los cuartos de los niños.

RAYMOND CARVER, *El tren*

3) Testigo cámara.

Registra y presenta una secuencia de vida sin ningún
rastro de autor, como el transcurrir de una película.

Ejemplo:

La palma de su mano derecha, que le sujetó la frente
cubriendo gran parte de sus ojos cuando cayó sobre la cama,
se deslizó suavemente (al doblársele el codo hacia atrás) hasta
tocar con la nariz en la colcha; el brazo izquierdo colgaba iner-
me a un lado de la cama, los nudillos reposando en el asa del
orinal...

STERNE, *Tristram Shandy*

Ten en cuenta que el protagonista o el testigo pueden expresarse de múltiples maneras: escoge la que más convenga a tu historia.

El narrador omnisciente

El narrador omnisciente mantiene su propia perspectiva frente a la del personaje. Hace una presentación fragmentaria o panorámica de la narración, de la cual los personajes no participan.

Por regla general, tiene libertad para entrar en la mente de cualquiera de sus personajes; sin embargo, puede tener una omnisciencia limitada y entrar en la mente de uno solo. Algunas de las formas que adopta son las siguientes:

Narrador omnisciente clásico

Conoce cuanto sucede, puede estar en varios sitios a la vez. Penetra en la mente de los personajes y sabe lo que piensan y sienten. Interviene de forma activa en el relato, se inmiscuye, opina, hace comentarios, juzga.

Ejemplo:

¿Pero qué habrá que hacer? ¿Qué puedo hacer? —se preguntaba con desesperación y no encontraba respuesta...— ¡Qué terrible, qué terrible, —se repetía Oblonsky—... Ella estaba contenta y feliz con los chicos, yo no quise interferir en absoluto, la dejé manejarlos a ellos y a la casa a su manera... ¡Dios mío! ¿Qué voy a hacer?... Bueno, veremos, se decía Oblonsky.

Ella recorrió de una rápida ojeada su fresca y saludable figu-
ra. «Sí —pensó—, está feliz y contento, pero ¿y yo?... Y esa odiosa
afabilidad, que hace que la gente lo quiera y lo elogie tanto...
¡cómo la odio!»

LEÓN TOLSTÓI, *Anna Karenina*

Narrador invisible

Intenta desaparecer de la narración, que el relato se
cuente solo, como pretendía Flaubert, que el autor debía
sentirse en todas partes y a la vez en ninguna. Aunque
penetra en los pensamientos de los personajes, no se
inmiscuye ni juzga, los introduce desde los mismos personajes.

Ejemplo:

Rodolphe Boulanger tenía treinta y cuatro años. Era de tem-
peramento rudo y de inteligencia perspicaz. Entendía mucho de
mujeres y estaba harto de tratarlas. Aquélla le había impresio-
nado; no dejaba de pensar en ella ni en el marido.

«No parece persona de grandes alcances, seguro que está abu-
rrida de él, con esas uñas tan sucias que lleva y la barba de tres
días.»

GUSTAVE FLAUBERT, *Madame Bovary*

Narrador limitado

En *El beso,* Antón Chéjov presenta al principio una historia grupal, la presentación externa de varias personas.
Pero luego el foco se desplaza a Ryabovich, la omnisciencia se limita a este personaje.

Omnisciencia proyectada a través de un personaje individual

Más limitada todavía es la omnisciencia cuando se presentan los hechos a través de una tercera persona que no es el narrador. Si lo fuera, estaría contado en primera persona.

Ejemplo:

Se sentía loco, completamente loco; veía sombras por todas partes. Se detuvo. Debajo de un farol estaba viendo el fantasma de un gigante en la misma postura de las estatuas yacentes de los enterramientos de la catedral, la espada ceñida a un lado y en la vaina, la visera alzada, las manos juntas sobre el pecho en actitud humilde y suplicante, como correspondía a un guerrero muerto y vencido en el campo de batalla. Desde aquel momento ya no supo lo que veía: las paredes de las casas se alargaban, se achicaban; en los portones entraban y salían sombras; el viento cantaba, gemía, cuchicheaba (...) Dispuesto a luchar a brazo partido con aquella ola de sombras, de fantasmas, de cosas extrañas que iban a tragarle, a devorarle, se apoyó en un muro y esperó.

PÍO BAROJA, *Camino de perfección*

Dos modalidades opuestas de narrador

Es importante distinguir entre el narrador omnisciente y el testigo.

El omnisciente que sabe todo y narra una situación dejando al margen a los personajes se opone al testigo que cuenta lo que ve, no sabe nada más que lo que observa, duda, investiga el asunto durante la narración. Veamos dos ejemplos:

Omnisciente, sabe todo

El barranco de Embajadores, que baja del salitre, es hoy, en su primera zona, una calle decente. Atraviesa la Ronda y se convierte en despeñadero, rodeado de casuchas que parecen hechas con amasada ceniza. Después no es otra cosa que una sucesión de muladares, forma intermedia entre la vivienda y la cloaca. Chozas, tinglados, construcciones que, juntamente imitan el palomar y la pocilga, tienen su cimiento en el lado de la pendiente.

BENITO PÉREZ GALDÓS, *La desheredada*

Testigo que sabe sólo lo que ve

Wallas está adosado a la barandilla, a la entrada del puente. Es un hombre todavía joven, altotranquilo, de facciones regulares. La ropa que lleva y su apariencia de desocupado constituyen, al pasar, un vago motivo de asombro para los obreros que se apresuran hacia el puerto: en este momento, en este sitio, parece completamente anómalo no estar en traje de trabajo, no ir en bicicleta, no tener prisa; nadie va de paseo un martes de madrugada, y menos por este barrio. Esta incongruencia con respecto al lugar y a la hora es algo chocante.

ALAIN ROBBE-GRILLET, *Las gomas*

Si eliges una voz narrativa, respeta sus matices y no le hagas decir lo que es imposible que esa voz pueda conocer, porque el primero que se daría cuenta y abandonaría la lectura es el lector.

Diálogo

El diálogo es la comunicación entre los personajes a través de sus propias palabras, con o sin acotaciones del narrador. Posiblemente sea una de las formas narrativas más creíbles para el lector si está bien construido.

Además, permite caracterizar a los personajes, revelar su modo de ser, indicar su estado emocional y el grado de relación entre ellos. En un cuento, en que el espacio es limitado para definir psicológicamente a un personaje, el diálogo puede ser suficiente para definirlo. En la novela puede contribuir al dinamismo general. En cualquier caso debe ser fluido y creíble.

Ejemplo:

—Bueno. Bueno. ¿Y eso qué tiene que ver? ¿Te calmarás ahora? —dijo el hombre canoso—. *Casi seguro que en cualquier momento llegan los tres juntos. Créeme. Tú sabes cómo es Leona. No sé qué demonios le pasa... en cuanto llegan a Nueva York se llenan de esa horrible alegría digna de Connecticut. Tú los conoces bien.*

—Sí, ya sé. Ya sé. Aunque no sé nada.

—Claro que sabes. Piénsalo un poco. Seguro que los dos se llevaron a Joanie por la fuerza...

—Oye. A Joanie nunca hubo que llevarla por la fuerza a ningún lado. No me vengas ahora con esa teoría.

J. D. SALINGER, Nueve cuentos

Qué dicen y cómo lo dicen

Cuando haces hablar a tus personajes debes tener en cuenta qué dicen y cómo lo dicen.

Qué dicen: según de qué tema hablen y cómo lo aborden, se puede deducir su personalidad, sus manías, etc.

Cómo lo dicen: según cómo se exprese cada personaje, el diálogo puede indicar –dar indicios– de distintos aspectos concernientes a él. Los principales son: el generacional (corresponde a su pertenencia a determinada generación), el social y cultural (cada personaje debe hablar como habla en su medio, tanto con respecto a su oficio o profesión como a su ambiente o núcleo de pertenencia), el emotivo (dentro del nivel emocional pueden incluirse los niveles anteriores, siempre y cuando a través de lo que el personaje dice exprese en mayor o menor medida algún sentimiento), y el espiritual (está relacionado con el cultural; una cultura elevada no es una cultura erudita, sino que tiene un saber humano, espiritual elevado; por lo tanto, el diálogo espiritual es aquel en el que se expresan los pensamientos).

> Una historia con una buena idea de partida, con buenas descripciones y una voz narrativa adecuada puede fracasar como conjunto debido a un diálogo acartonado y poco creíble.

Chequear el diálogo

El uso del diálogo implica un peligro mayor a la hora de crear situaciones. Por ser una aparente transcripción del lenguaje oral, puede aparecer a los ojos del lector como un texto menos elaborado. Sin embargo, su elaboración es más compleja, dado que un diálogo debe resultar muy natural y, a la vez, evitar la mayoría de los excesos explicativos, la mediocridad, los sobreentendidos, el discurso pobre o complicado, del habla. Por otra parte, un narrador puede jugar más con los giros del lenguaje «literario» y disimular la mediocridad.

Otros riesgos:

a) Que resulte artificial, poco creíble.

b) Que resulte ambiguo, poco claro.

c) Que resulte poco definido, que no se diferencien los personajes por sus voces.

Si eliges el diálogo como forma narrativa para proporcionar información sobre los personajes, te conviene leerlo en voz alta y comprobar si suena natural o forzado, y hacerte, además, algunas preguntas como las que siguen:

a) ¿Los parlamentos empleados corresponden realmente a la personalidad del hablante?

b) ¿Se diferencian entre sí los personajes o se parecen por su modo de expresarse?

c) ¿Se dibuja la situación en la cual la conversación se desarrolla a través de los diálogos?

d) ¿La transcripción de los mismos –con muy pocas acotaciones o ninguna, o explicando el estado de ánimo y las características de los hablantes– resulta sugerente o explicita demasiado el contexto sin necesidad?

Al escribir los diálogos debes tener en cuenta que, en la historia narrada, el diálogo te sirve para mostrar a los personajes; por lo tanto, controla si las palabras que constituyen sus parlamentos concuerdan con la idea que quieres transmitir sobre ellos.

Monólogo

El monólogo interior exhibe el paso de los pensamientos por la mente del personaje. Permite expresar tanto la realidad subjetiva como la objetiva, revelando el mundo íntimo, la multitud de palabras que ocupan sus pensamientos y sus sentimientos.

Es una actividad pre-lógica del discurso mental vertida en los cauces lógicos de la escritura. No constituye una secuencia lógica (igual que en el pensamiento real) ni presenta comentarios por parte del narrador.

Ejemplo:

El siguiente es el monólogo de la viuda en el entierro de su marido, que se dirige íntimamente a él y cita, a su vez, las palabras de otro personaje:

El caso es cambiar y hacer el tonto, aprender lo que no deben, eso, que buenos están los tiempos y aunque te rías, Mario, algún día España salvará al mundo, que no sería la primera vez. Yo me río con Valen, es un sol de chica, el otro día me para y me dice: «Me voy a Alemania, es la única manera de tener cocinera, señorita y doncella», ya ves qué ocurrenciaa, que tú mismo reconoces que tiene sentido del humor...

MIGUEL DELIBES, *Cinco horas con Mario*

Para que la historia narrada sea coherente con su forma de expresión, si empleas el monólogo te convendrá decidir qué actitud tiene el monologante frente a los hechos. Puedes escribirlo probando distintos estados de ánimo hasta encontrar el más adecuado. Una lista, que tú puedes ampliar basándote en los estados de ánimo, de las personas que conozcas, podría ser la siguiente:

- *inquina*
- *hastío*
- *melosidad*
- *indiferencia*
- *afectuosidad*
- *tristeza*
- *rencor*

Recuerda que el monólogo interior es un flujo de pensamientos expresados internamente. Por lo tanto, su escritura debe carecer de la cohesión y la concreción del pensamiento directo.

6

El personaje es tu aliado

La idea que nos conduce a la historia escrita puede estar presidida por uno o más personajes, por un personaje que ocupa toda la escena o que está en un recodo de la misma.

José María Merino cuenta lo siguiente: «Un día surgió en mi imaginación la idea borrosa de un hombre que escribía una novela. Solamente eso: un hombre, un ser anónimo, cuyo origen, datos biográficos y rasgos físicos yo no era capaz de identificar entre mis propios recuerdos, escribía un texto del que yo tenía solamente la certeza de que era una ficción novelesca. Y su presencia, muda y opaca, pero insistente, acabó siendo tan desazonadora para mí que al fin me puse a escribir una novela sobre un hombre que escribía una novela, en una especie de acto conjuratorio, acaso adscribible a eso que llaman la magia simpática, con la esperanza de que, al hacerle ocupar un lugar en la realidad exterior, le hiciese abandonar aquella parte de mi intimidad de la que se había posesionado».

Introducir un personaje en el relato es hacer creer al lector que ese personaje existe, es interesarlo por sus acciones, sus sentimientos, su trayectoria a través de un número determinado de páginas.

Las tres dimensiones del personaje que el escritor debe conocer (se expongan o no directamente en la historia escrita) son la física, la social y la psicológica.

Igualmente, los datos básicos que deben plantearse previamente a su configuración son: las razones por las cuales actúa como actúa, el nombre, su hábitat, su forma de aparecer en escena, su modo de hablar y de pensar, su modo de salir de escena.

Los personajes pueden ser principales o secundarios, simples (concebidos con una única finalidad y función, como Álvaro Mesía, de *La Regenta*, cuya función es el donjuanismo) o complejos y cambiantes (que cumplen más de una función y son el resultado de fuerzas contradictorias desarrolladas en la trama, como el Magistral, en la misma novela).

> Debes conseguir la individualidad del personaje. El personaje no debe ajustarse a un estereotipo, que responda a un retrato prefijado y a una actuación igual a la de personajes similares.

Su creación

Tanto si tienes un personaje que te obsesiona como si apenas lo vislumbras, lo puedes dar a conocer mediante un aspecto específico para que resulte más definido: las acciones, los gestos, los sentimientos, el modo de pensar o reaccionar ante determinados estímulos, el entorno, un objeto, el tiempo y el espacio en el que está situado, la relación con otro personaje.

Algunos ejemplos son los siguientes:

1) Mediante las acciones:

La mujer abrió todo. Los joyeros. Las cajas de caudales. La puerta del vecino. Las cartas. Las latas de atún. Los cajones. Los armarios.

Comprobó que lo podía abrir todo, pero quiso ir más allá y abrió las montañas, los cielos, los mares, los ríos, los corazones.

Una vez que lo tuvo todo abierto, comprobó que no le gustaba lo que tenía ante sus ojos. El viento entraba por todas las aberturas. Se resfrió. Enfermó. Abrió el botiquín, abrió la caja de aspirinas, abrió la boca y se las tomó.

Cerró, cerró, cerró, cerró, cerró, cerró, cerró, cerró, cerró, abrió la ventana y tiró la llave.

DOLORES SIERRA, El viento

2) Mediante la reacción:

Gabriel esperó. Casi de inmediato vio que se encendía la luz en la habitación situada a la izquierda de la puerta. Divisó su sombra yendo y viniendo, agachándose e incorporándose poco después. Supuso que estaría guardando los artículos que acababa de comprar. Después, la luz de la habitación se apagó.

Durante unos instantes, el apartamento permaneció en absoluta oscuridad. Luego se encendió la luz de la habitación de la planta superior, esta vez más potente, permitiéndole ver a la mujer con mayor claridad. Ella no podía ver con cuánta claridad.

P. D. JAMES, Un asesinato muy vulgar

3) Mediante los sentimientos:

Queridos padre y madre:
Tengo instalada ya en mi tristeza las caras de ustedes cuando

terminen de leer esta carta. La suya, mamá, inclinada sobre este papel, como cuando terminaba de tocar el piano y su mirada quedaba un rato extraviada sobre las teclas.

DALMIRO SÁENZ, La patria equivocada

4) Mediante los pensamientos y las reflexiones:

El placer de terminar las cosas. La sensación de finalizar. Terminar. Finalizar. El leve carpetazo que acariciando el aire cierra las páginas de las vidas anteriores. El saborcillo que queda en los labios al terminar la lectura de una novela. La tinta que queda en los dedos al separarse de una mujer. El cloc-cloc de un disco antiguo que se pierde en el infinito silencio de un salón sin ruidos. Las postdatas de una carta que te invitan a escribir. El final de un día que, inevitablemente, da paso a otra sucesión de vivencias. El fondo de un bote de mermelada roja. Fresas de un campo, grava de asfalto. La reserva de un depósito de gasolina. El último fotograma de una película en blanco y negro. La foto veintiséis de un carrete de veinticuatro. Doce campanadas y doce uvas. Pasteles de cumpleaños y velas que se apagan. Mujeres que te abandonan en la estación de autobuses. Mujeres que suenan en el auricular del teléfono justo cuando se acaban las monedas. Piii. Resets informáticos. Último viaje de una tarjeta de metro. Títol esgotat. El fuego extinguido por un manguerazo de bombero y, claro está, el descansar de la pluma cuando se acaba la tinta. El fin del principio de terminar.

JOSÉ LUIS LOZANO, Terminar

5) Mediante un objeto que le pertenece (las gafas):

Pacífico Pérez, de rasgos fisonómicos nobles, era alto y extremadamente flaco. Debido a su timidez, y tal vez a su enfermedad, ca-

minaba ligeramente encorvado. Esto, unido a las entradas prematuras de su cabello y a las gafas de gruesos cristales que, como buen tímido, trataba de acomodar constantemente agarrándolas por la patilla derecha, le imprimían un aire intelectual que desmentían sus ademanes y, en particular, su tono de voz y sus expresiones, decididamente rurales.

MIGUEL DELIBES, *Las guerras de nuestros antepasados*

6) Mediante la relación con otro personaje.

A través de mis lágrimas la veo explicándome pacientemente mi situación desde los pies de mi cama. Si yo tengo catorce años, ella tiene dieciocho, y está en su primer año en la Escuela de Magisterio del Estado de Newark, una muchacha de pálido rostro que destila melancolía por todos sus poros. A veces, en compañía de otra desgarbada y fea muchacha llamada Edna Tepper (que tiene, sin embargo, dicho sea en su favor, unas tetas tan grandes como mi cabeza) se va a un baile popular de Newark.

PHILIP ROTH, *El lamento de Portnoy*

7

Las funciones del tiempo y el espacio

Para ambientar la historia narrada se recurre a dos mecanismos ineludibles: el tiempo y el espacio. Los personajes actúan en el tiempo: los personajes viven sus aventuras cuando se está narrando el relato o evocan otro tiempo en el que les ocurrieron otros hechos. El tiempo marca el paso del relato a través de las épocas y de las culturas. Los personajes se mueven en el espacio, los lugares que atraviesan son significativos, estén descritos o no por el narrador: todo buen relato deja entrever al lector cómo es el lugar donde suceden los acontecimientos importantes o secundarios.

Artificios literarios

Desde el punto de vista temporal se pueden contar los hechos en el orden que se desee. Así, la narración puede ser:

a) Ulterior: es la más común, en la que se emplea el tiempo pasado;

b) Anterior: es la anticipación de la historia posterior mediante un sueño, etc.;

c) Simultánea: coinciden los tiempos de la historia narrada y de la narración, como en el diario íntimo, o la serie de acciones contadas en diferentes secuencias, pero que ocurren simultáneamente;

d) Intercalada: es aquella en la que la narración y la historia pueden entrecruzarse, como en la narración epistolar en la que la carta es a la vez el instrumento mediático de la narración y el elemento que sostiene la intriga, o se intercala el pasado con el presente, la evocación con los sucesos que transcurren «ante la mirada del lector».

Se puede incluso romper la linealidad del tiempo, fragmentar y dispersar los sucesos, como lo hace Miguel Delibes en *Parábola de un náufrago*.

En cuanto a la presentación del espacio, se pueden elegir lugares externos o interiores, amplios o estrechos, oscuros o claros, enfocarlos desde distintas perspectivas y observarlos con precisión, como has visto en el capítulo de la descripción.

> Ambienta tu historia sabiendo por qué lo haces en ese tiempo y en ese lugar. Recuerda que no son iguales los mismos hechos ambientados hace dos siglos que en la actualidad, ni tampoco lo son ambientados en un mercado, el área de descanso de una autopista, en una discoteca o en un confesionario.

Principales cometidos

Tiempo y espacio contribuyen a la concreción de determinados logros asociados a otros aspectos del relato. Entre ellos:

1) Crear la atmósfera.

Así, la descripción del tiempo suele ir ligada a la del lugar y requiere el recurso del adjetivo, que hay que administrar con tino.

Ejemplo:

En los días grises del otoño, o en marzo, cuando el invierno finaliza, se siente en esta planada silenciosa el espíritu austero de la España clásica, de los místicos inflexibles, de los capitanes tétricos –como Alba–; de los pintores tormentarios –como Theotocópuli–; de las almas tumultuosas y desasosegadas –como Palafox, Teresa de Jesús, Larra–... El cielo es ceniciento; la tierra es negruzca; lomas rojizas, lomas grises, remotas siluetas azules cierran el horizonte. El viento ruge a intervalos. El silencio es solemne.

AZORÍN, *La voluntad*

2) Contribuir al movimiento, velocidad o inmovilidad de la escena.

Según el modo en que se presente el contenido del espacio, la escena puede ser más lenta o más rápida, o combinarse ambas modalidades en un mismo párrafo.

Ejemplo:

Los libros, la mesa de madera, mis lápices de colores. Mi pipa junto a aquella vieja foto de Ana. El tocadiscos mudo. La alfombra deshilachada. La cajita cerrada con el búho grabado en la cubierta. El zócalo polvoriento. Los cojines y sus fundas de ganchillo. La bombilla pendiente de un hilo. Las cortinas rojas templando la luz. Las esquinas del techo formando un punto diminuto donde las paredes bajan veloces hasta el suelo.

VICENTE CERVERA, *La habitación interior*

3) Trabajar dos escenas distanciadas simultáneamente.

El recurso más común para conseguirlo es usar el adverbio «mientras» para establecer la relación.

Ejemplo:

Mientras caminaba en la oscuridad se le apareció el rostro de Emilia: estrecho, de tinte oliváceo, con negros ojos judíos, respingona nariz eslava, mejillas con hoyuelos, alta frente, cabello peinado hacia atrás muy tirante y una oscura pelusilla sombreándole el labio superior. Le sonreía, tímida y lujuriosa a la vez, y le miraba con una curiosidad que era tanto mundana como fraternal. Hubiera deseado extender la mano para tocarla. ¿Era tan vívida su imaginación o se trataba realmente de una aparición? La imagen de la mujer retrocedía como si fuera una santa imagen en el pendón de una procesión religiosa. Vio los detalles de su peinado, el galón que lucía alrededor del cuello, los pendientes que llevaba en las orejas.

ISAAC BASHEVIS SINGER, *El mago de Lublin*

4) Caracterizar a un personaje y dar datos de su situación social a través del espacio al que pertenece y el tiempo en que vive.

Una posibilidad es trabajar con el pretérito imperfecto para la descripción del entorno y con el pretérito indefinido para contar qué hizo el personaje.

Ejemplo:

Habitaba una choza de cañas de unos diez metros cuadrados en los que ordenaba el escaso mobiliario; la hamaca de yute, el cajón cervecero sosteniendo la hornilla de queroseno, y una mesa alta, muy alta, porque cuando sintió por primera vez dolores en la espalda supo que los años se le echaban encima y decidió sentarse lo menos posible.

Construyó entonces la mesa de patas largas que le servía para comer de pie y para leer sus novelas de amor.

La choza estaba protegida por una techumbre de paja tejida y tenía una ventana abierta al río. Frente a ella se arrimaba la alta mesa.

LUIS SEPÚLVEDA, *El viejo que leía novelas de amor*

5) Anticipar una situación indicando, antes de que aparezca el personaje, un dato temporal sumado a otro espacial.

Ejemplo:

Los domingos, Wall Street es un desierto como la Arabia Pétrea; y cada noche de cada día es una desolación. Este edificio, también, que en los días de semana bulle de animación y de vida, por la noche retumba de puro vacío, y el domingo está desolado. ¡Y es aquí donde Bartleby hace su hogar, único espectador de una soledad que ha visto poblada, una especie de inocente y transformado Mario, meditando entre las ruinas de Cartago!

HERMAN MELVILLE, *Bartleby el escribiente*

8

Conclusión

Una vez acabado el libro, comienza la placentera tarea de trasladar la historia al papel. Ahora ya sabes cuáles son los pasos más convenientes para pasar de la idea a la narración y cuáles son los elementos que la componen.

Si quieres desarrollar una idea, en una primera etapa puedes dedicarte sólo a tomar notas sobre todo aquello que la idea desencadene. De este modo, cuando empieces a escribir tu relato conocerás bien la historia, sabrás cuáles son los personajes principales, cuándo y dónde se conocen y cuándo y cómo vuelven a cruzarse sus caminos. Con este sistema llegarás a conocer el final antes de decidir cuál es el mejor comienzo para tu historia.

A partir de una idea, ya provenga de una experiencia real, vivida, observada, escuchada, percibida en parte o en su totalidad, se disparan los mecanismos de la imaginación. Te conviene distinguir si te conduce hacia una narración emotiva, sentimental; o de acción, aventuras; o analítica… Es decir, te conviene reconocer el tono de la idea para encontrar después el tono de tu narración escrita.

A la vez, es aconsejable ir escribiendo la historia que la idea te sugiere, sin demasiadas exigencias todavía. Escribe un primer borrador: aunque avances lentamente, estarás contando la historia; luego te ocuparás de la reescritura. Pero si no tienes nada que contar, nada hay que corregir.

La tarea te resultará más fácil cuando sepas qué narrador es el adecuado y cómo deben hablar tus personajes. Horacio Quiroga decía: «Nunca veas más allá de lo que puede ver el personaje». Por ejemplo, un error típico de los principiantes es presentar el pensamiento y el discurso de un personaje caracterizado como mediocre a partir de complejas elucubraciones; obviamente, esas reflexiones no le pertenecen.

En la etapa siguiente, tu misión es dar forma a la historia, convertirla en narración literaria. Mejor aún, en una buena narración literaria. Para ello debes encontrar un orden para las notas que has tomado, el que consideres que es mejor para los lectores. Narrar consiste tanto en saber qué información debes reservarte como en saber qué vas a decir. Thomas Hardy opinaba que una narración escrita, una novela por ejemplo, ha de ser un relato mejor que una noticia leída en el periódico. Quería decir «mejor» en cuanto a: más compleja, más extensa, con una serie de conexiones que una noticia del periódico o una anécdota oral no tienen, que posea una estructura consistente en un principio, un medio y un desenlace bien equilibrados, simétricos, y que el final sea inevitable, que se desprenda del conjunto como consecuencia necesaria e irreemplazable.

Por último, recuerda que en un buen relato el lector debe tener la sensación de que las cosas suceden con naturalidad. Para lograrlo, no hay que intentar publicar lo primero que uno tiene. Debes tratar de acercarte lo más posible al ideal que tienes en tu mente, no escribir de más, buscar la musicalidad adecuada, la palabra justa, encontrar el equilibrio, trabajar mucho el lenguaje empleado, leer el texto en voz alta como método de control, hacerle decir a las palabras lo que tú quieres que digan. Si tienes dudas, trata de ver cómo lo han resuelto los grandes escritores. En la mayoría de los casos, esa naturalidad le debe mucho a la planificación.